박현승의
잠언 묵상

박헌승의 잠언 묵상

발행일	2017년 5월 7일 발행
발행인	김재현
지은이	박헌승
편 집	류명균, 최선화, 김다미
디자인	박송화
펴낸곳	한국고등신학연구원(KIATS)
주 소	서울시 용산구 한강대로 52길 25-8 한준빌딩 1층
전 화	02-766-2019
팩 스	0505-116-2019
E-mail	kiats2019@gmail.com
ISBN	979-11-6037-054-6 (03230)

* 본 출판물의 저작권은 한국고등신학연구원(KIATS)에 있습니다.
* 사전동의 없이 무단으로 복사 또는 전재하여 사용할 수 없습니다.

* 이 도서의 국립중앙도서관 출판예정도서목록(CIP)은 서지정보유통지원시스템 홈페이지(http://seoji.nl.go.kr)와 국가자료공동목록시스템(http://www.nl.go.kr/kolisnet)에서 이용하실 수 있습니다. (CIP제어번호: CIP2017009359)

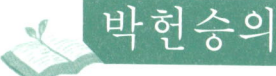
박헌승의

잠언 묵상

지혜 *in* 잠언

박헌승 지음

2017
KIATS

서문

성경 말씀은 사람을 변화시킵니다.
어거스틴은 로마서 13장 13-14절을 통해 회심을 했습니다.

낮에와 같이 단정히 행하고 방탕하거나 술 취하지 말며 음란하거나 호색하지 말며 다투거나 시기하지 말고 오직 주 예수 그리스도로 옷 입고 정욕을 위하여 육신의 일을 도모하지 말라

이 말씀을 읽는 순간 그의 마음에 빛이 임했습니다. 마음에서 모든 의심, 어두움이 사라지면서 죄에서 자유를 얻게 되는 은혜를 체험했습니다.

저도 성경 말씀을 통해 구원의 확신을 얻었습니다. 교회는 다녔지만 고등학교 때까지는 거듭남의 확신이 없었습니다. 후에 잠언을 읽다가 죄의 씻음과 거듭남의 은혜를 경험했습니다. 첫 장에서부터 읽어 내려가는데 구절구절들이 모두 나에게 말씀하시는 하나님의 음성이었습니다. 말

쏨 앞에 내 죄를 자복하고 회개하지 않을 수 없었습니다. 그동안 들어왔던 복음의 진리, 예수님의 십자가와 부활, 모든 말씀이 의심 없이 믿어지기 시작했습니다. 주님을 진정으로 만난 것입니다. 너무나 기뻐 찬송을 부르며 눈물을 흘렸습니다. 죄로부터의 자유와 영생의 확신을 가지게 되었습니다.

잠언서를 통해 구원의 은혜를 깨닫고 확신했기 때문에 저는 매일 잠언서를 읽습니다. 잠언은 31장으로 이루어져 있습니다. 날짜에 따라 매일 한 장씩 읽으면 한 달에 한 번 잠언을 묵상하게 됩니다. 수십 년 동안 잠언을 읽고 있지만 아직도 읽을 때마다 처음 대하는 것과 같은 느낌을 받을 때가 있습니다.

제가 섬기고 있는 서부장로교회가 올해로 창립한 지 30년이 되었습니다. 3대 목회자로 부임해 섬겨오는 가운데 23년의 세월이 지나고 있습니다. 30주년을 맞이해 당회에서는 잠언 묵상집을 출간하기로 했습니다. 저는 새벽기도회 때 성경 한 장을 성도들과 함께 읽고 간단히 설교합니다. 이번에 출간하는 책도 새벽기도회 때 녹음한 설교를 바탕으로 편집, 정리한 것입니다. 책으로 내기에는 부족한 점이 많이 있습니다. 그러나 사람의 가르침으로 은혜를 받는 것이 아니라, 성령의 기름 부으심으로 받는 것이기에 부끄럽지만 감히 출판하기로 했습니다.

잠언은 지혜를 말하고 있습니다. 이 지혜는 세상에서 이야기하는 지혜와는 근본적으로 다릅니다. 세상의 현자가 교훈하는 지혜가 아닙니다. 잠언서는 "여호와를 경외하는 것이 지혜요 여호와를 아는 것이 명철이라"고 못을 박고 있습니다. 하나님을 경외하지 않는 자는 결코 지혜를 얻을 수 없습니다. 세상의 지혜로는 구원을 받을 수 없고 사람이 변화될 수 없습니다. 잠언의 지혜는 결국 예수님의 지혜를 말합니다. 모든 성경은 예수님에 관한 증언이기에 그렇습니다. 잠언을 묵상하면 예수님을 더욱 깊이 알아가는 지혜를 얻을 수 있습니다.

하나님께 기도드립니다. 독자들이 잠언을 통해 주님을 깊이 만나는 지혜를 얻게 되기를 간구합니다. 진리에 이르는 지혜, 풍성한 삶의 지혜를 얻게 되기를 간구합니다. 한 문장에서라도, 한 구절에서라도 지혜를 깨달아 삶이 변화되는 은혜가 있기를 간절히 소원합니다.

여호와를 경외하는 것이 지혜의 근본이요 거룩하신 자를 아는 것이 명철이니라 잠 9:10

2017년 4월 박헌승 목사
서부장로교회 창립 30주년을 맞이하여

추천사

김경원 서현교회 담임목사

박헌승 목사님의 잠언 묵상집 발간을 축하드립니다.

박 목사님은 캐나다 서부장로교회를 23년간이나 담임해 오신 탁월한 목회자이십니다. 그리고 미주를 비롯한 한국과 전 세계적으로 부흥성회를 인도하시는 부흥 목사님이시기도 합니다. 우리 교회에서도 부흥회를 인도하셨는데 온 성도들이 큰 은혜를 받았습니다.

박 목사님은 특히 성경 암송에 탁월함이 있습니다. 하나님께서 목사님에게 특별한 은혜를 주신 것 같습니다.

박 목사님을 고등학생 때부터 알고 지냈는데 하나님의 특별한 섭리 속에서 부친 목사님의 뒤를 이은 목회자가 되어 성공적인 사역을 하시는 것을 보면서 무척 기쁩니다.

이전에도 목회칼럼을 출판하여 목회자들과 성도들에게 많은 은혜와 유익을 주었는데 이번에 잠언 묵상집을 내게 되어 축하를 드립니다.

잠언서는 우리가 아는 대로 솔로몬의 글이며 모든 지혜를 담고 있습니다. 자칫 잘못하면 단순히 세상적 지혜로 흐르기 쉬운데 본서는 철저히 예수 그리스도 중심으로 지혜를 말하고 있습니다.

이 묵상집은 예수님을 알고 구원에 이르는 지혜를 발견하게 합니다.

목회자의 입장에서 물론 다른 성경도 쉬운 것은 아니나 잠언서를 해석하고 설교한다는 것은 쉽지 않습니다.

그러나 박 목사님은 이 책을 깊이 묵상하시면서 하나님의 주신 지혜로 큰 은혜를 주고 있습니다. 어떤 목회자는 매일 시편을 5장씩, 그리고 잠언서를 1장씩 읽고 묵상하여 매월 1독을 하신다고 했습니다. 그만큼 잠언은 우리가 가까이해야 할 책입니다.

이번에 출간된 잠언 묵상집은 우리 모두에게 큰 은혜를 끼치리라 믿으며 기쁨으로 추천합니다.

추천사

오정현 사랑의교회 담임목사

《박헌승의 잠언 묵상》은 마음속에 지혜의 말씀을 잉태하게 하는 책입니다. "성경을 성경으로 풀어라." 저의 말씀 사역의 뼈대로 삼고 있는 진리입니다. 이것이 성경을 가장 안전하고, 가장 정확하며, 가장 영감 있게 해석하는 길입니다.

이번에 박헌승 목사님이 펴낸 잠언 설교집을 읽으면서 '아, 이 책이야말로 말씀을 말씀으로 풀어내었구나' 하는 생각을 절로 하게 되었습니다. 단지 성경 구절을 많이 인용하는 정도라면 얼마든지 다른 곳에서도 찾을 수 있겠지만, 이 책 속에는 목사님께서 지난 수십 년 동안 잠언을 읽으면서 다졌던 영적인 깊이가 녹아져 있고, 말씀으로 박동하는 목사님의 뜨거운 심장 소리가 지면紙面 위로 불쑥불쑥 들립니다.

이 책은 독자들에게 문자화된 말씀을 살아있는 레마로 다가서게 하는 책입니다. 책을 정찬正餐의 미각에 비유한다면, 조미료가 없는 담백함, 정갈함으로 설명할 수 있습니다. 그 흔한 유희적인 장치를 어디에서도 볼 수가 없습니다. 그러기에 오히려 읽을수록 영혼의 미각을 말씀의 순전함으로 채우고, 마음속에 지혜의 말씀을 잉태하게 합니다. 처음에는 자그맣게 던져진 말씀이 시간이 지날수록 가슴 속에서 꿈틀거리고 자라 어느덧 독자의 생각을 터치하고, 가슴을 지배합니다.

이 책은 세상의 처세적인 지혜에 물들어 있는 마음을 칼날처럼 베어내는 책입니다. 사면초가에서 절망하는 인생에게 하늘의 길을 열어주는 책입니다.

평신도는 물론이요, 목회자들에게도 서가에 두고 필요할 때마다 찾아서 볼 수 있는 귀한 책입니다.

추천사

송태근 삼일교회 담임목사

잠언은 흔히 독자들에게 삶의 지혜를 밝힌다고 칭송받습니다. 어떤 이는 철인哲人의 생각보다 심오하다고 평합니다. 모두 맞습니다. 하지만 잠언의 노래는 궁극적으로 주님을 아는 것이 지혜요, 더 나아가 주님 자체가 지혜라고 선언합니다.

본서《박헌승의 잠언 묵상》은 잠언에 담긴 예수를 노래합니다. 지난 23년 동안 이민 교회의 목회자로서 저자는 세심한 목양의 심정으로 본서를 집필한 것이 분명해 보입니다. 본서 곳곳에 묻어나는 양 떼를 향한 친절한 음색이 마치 음성이 된 듯 귓전에 잔잔히 전해옵니다.

잠언의 지혜가 인도하는 대로 주 앞에 서길 사모하는 독자들에게 본서는 훌륭한 안내자가 되어 줄 것입니다.

목차

1장 지혜는 여호와를 경외하는 것입니다 ◇ 14

2장 지혜는 하나님이 주십니다 ◇ 26

3장 지혜가 복입니다 ◇ 33

4장 지혜가 제일입니다 ◇ 42

5장 지혜는 죄를 멀리하는 것입니다 ◇ 53

6장 지혜는 삶입니다 ◇ 63

7장 지혜는 유혹을 이깁니다 ◇ 71

8장 지혜는 예수 그리스도입니다 ◇ 77

9장 지혜는 분별하는 것입니다 ◇ 87

10장 지혜가 의인의 삶을 살게 합니다 ◇ 95

11장 지혜는 사람을 얻습니다 ◇ 105

12장 지혜는 사람을 만듭니다 ◇ 112

13장 지혜는 지혜에서 나옵니다 ◇ 121

14장 지혜는 집을 세웁니다 ◇ 129

15장 지혜는 천국 길을 가게 합니다 ◇ 138

16장 지혜는 은금보다 낫습니다 ◇ 147
17장 지혜는 변화를 가져옵니다 ◇ 155
18장 지혜는 주의 이름을 부르는 것입니다 ◇ 161
19장 지혜는 자기 영혼을 사랑하는 것입니다 ◇ 170
20장 지혜는 깊은 물과 같습니다 ◇ 178
21장 지혜는 승리하는 것입니다 ◇ 186
22장 지혜는 선택을 잘하는 것입니다 ◇ 193
23장 지혜는 기쁨입니다 ◇ 200
24장 지혜는 강한 용사와 같습니다 ◇ 207
25장 지혜는 찌꺼기를 제하는 것입니다 ◇ 215
26장 지혜는 사람을 조심하는 것입니다 ◇ 226
27장 지혜는 만남을 복되게 합니다 ◇ 233
28장 지혜는 구원에 이르게 합니다 ◇ 241
29장 지혜는 책망을 달게 받는 것입니다 ◇ 252
30장 지혜는 자신의 부족함을 깨닫는 것입니다 ◇ 261
31장 지혜는 현숙함에 있습니다 ◇ 274

잠언 1장

지혜는
여호와를
경외하는 것입니다

잠언에서 주는 지혜

'잠언'箴言(Proverbs)의 뜻은 '교훈과 경계가 되는 짧은 글' 정도로 이해할 수 있습니다. 히브리어로 잠언, 미쉘레의 뜻은 '속담들, 격언들'입니다. 잠언은 31장으로 구성되어 있는데 각 구절에는 짧은 교훈과 경계가 되는 말씀, 그리고 뜻을 명확하게 하려고 대조되는 개념들이 많이 등장합니다.

잠언의 저자는 솔로몬입니다. 잠언서에서는 '다윗의 아들 이스라엘 왕 솔로몬의 잠언'잠 1:1, '솔로몬의 잠언'잠 10:1, 25:1이라고 저자를 밝히고 있습니다. 아굴과 르무엘 왕의 잠언도 나오지만 전통적으로는 잠언서의 저자를 솔로몬으로 보고 있습니다.

잠언의 주제는 '지혜'智慧입니다. 히브리어로는 "호크마"Hokma입니다. 사전적 의미는 올바른 삶의 유지를 위한 '판단력'과 '기술'을 말합니다. '탁월한 숙련성'이나, '굳세다', '밀접하다'의 뜻도 담고 있습니다.

모든 성경은 예수 그리스도에 관한 이야기입니다.요 5:39, 눅 24:44 잠언 역시 지혜와 그 지혜의 근본이신 예수님에 대한 내용을 담고 있습니다.

그리스도는 하나님의 능력이요 하나님의 지혜니라고전 1:24

이는 그들로 마음에 위안을 받고 사랑 안에서 연합하여 확실한 이해의 모든 풍성함과 하나님의 비밀인 그리스도를 깨닫게 하려 함이니 그 안에는 지혜와 지식의 모든 보화가 감추어져 있느니라골 2:2-3

부모된 청지기로서 자녀를 잘 양육하고 싶습니까? 훌륭하게 키우고 싶습니까? 시대적인 인물로 세우기를 원하십니까?
예수님을 바로 믿도록 양육하십시오. 예수님을 잘 믿도록 도와주십시오. 예수님 안에 지혜와 지식의 보화가 가득하니 예수님을 영접하고 예수님을 믿는 자녀야말로 지혜가 충만한 아이가 될 것입니다.
성령은 '지혜와 총명의 영이요 모략과 재능의 영이요 지식과 여호와를 경외하는 영'사 11:2입니다. 예수 그리스도에게 성령이 임하니 지혜, 총명, 모략과 재능이 더해졌습니다.
성령 충만은 지혜 충만입니다.행 6:3

'지혜가 제일이다'잠 4:7
앞으로 잠언 31장까지 나아가면서, 꼭 기억해야 할 구절입니다. 묵상하고 마음판에 새기고, 그 지혜가 내 속에 들어오게 해야 합니다.

곧 지혜가 네 마음에 들어가며 지식이 네 영혼을 즐겁게 할 것이요
잠 2:10

인자와 진리가 네게서 떠나지 말게 하고 그것을 네 목에 매며 네 마음판에 새기라 잠 3:3

이것을 네 손가락에 매며 이것을 네 마음판에 새기라 잠 7:3

하나님이 돌판에 십계명을 새기셨듯이 이제는 심비心碑, 곧 내 마음의 판에 말씀을 새겨주셨습니다. 은혜받은 말씀을 암송하고 묵상해야 합니다. 은혜가 되는 말씀은 붙들고 읊조리는 가운데 마음판에 새겨야 합니다. 회개, 눈물, 감사, 기쁨, 찬송 속에 회복과 성숙의 은혜가 있을 것입니다.

잠언을 따를 때

사람은 떡으로만 사는 것이 아니라 하나님의 입에서 나오는 모든 말씀으로 산다는 것을 기억하십시오. 신 8:3, 마 4:4 잠언을 영의 양식으로 매일 먹어야 합니다. 잠언 한 구절 한 구절을 나에게 하시는 하나님의 말씀으로 받아들이는 것이 중요합니다. 지금 나에게 특별히 주시는 말씀이며, 하나님을 의뢰하게 하는 말씀 잠 22:19이라는 사실을 믿어야 합니다. 사람의 말로 받지 않고, 하나님의 입에서 나오는 말씀으로 받을 때 삶이 변화되는 역사를 경험하게 됩니다. 살전 2:13

잠언 1장의 1절에서 6절까지의 말씀은 서론이라 할 수 있습니다. 잠언이 지혜와 훈계를 알게 하고, 명철의 말씀을 깨닫게 하고, 지혜롭게 공의롭게 정의롭게 정직하게 행할 일에 훈계를 받게 한다고 하

였습니다.잠 1:2-3

아무리 어리석다 할지라도 슬기롭게 하고, 젊은 자들에게는 지식과 근신함을 주고, 또 지혜 있는 자는 학식을 더하고, 명철한 자는 지략을 얻게 됩니다.잠 1:4-5 그리고 오묘한 것을 깨닫게 됩니다.잠 1:6

> 감추어진 일은 우리 하나님 여호와께 속하였거니와 나타난 일은 영원히 우리와 우리 자손에게 속하였나니 이는 우리에게 이 율법의 모든 말씀을 행하게 하심이니라신 29:29

지혜의 첫걸음, 여호와를 경외하라

1장 7절은 잠언 전체에서 말하는 지혜의 첫걸음이라고 할 수 있습니다.

> 여호와를 경외하는 것이 지식의 근본이거늘 미련한 자는 지혜와 훈계를 멸시하느니라

지혜의 첫걸음은 "여호와를 경외하는 것"입니다. 지혜는 지식을 이해하고 삶에 적용하는 것인데, 그 근본이 바로 하나님을 경외하는 데에서 나옵니다. 하나님을 인정하지 않고 경외하지 않는 자는 아직 참 지혜를 얻지 못했습니다. 지혜에 있어서는 아직 첫걸음도 떼지 못한 미련한 자입니다.

> 여호와를 경외하는 것이 지혜의 근본이요 거룩하신 자를 아는 것이 명철이니라잠 9:10

또 사람에게 말씀하셨도다 보라 주를 경외함이 지혜요 악을 떠남
이 명철이니라 욥 28:28

여호와를 경외함이 지혜의 근본이라 그의 계명을 지키는 자는 다
훌륭한 지각을 가진이니 여호와를 찬양함이 영원히 계속되리로다
시 111:10

하나님을 경외한다는 것은 한마디로 말해서 하나님의 눈을 의식하는 것입니다. 이것이 지혜로운 자입니다. 미련한 자는 하나님의 눈을 의식하지 않습니다. 하나님이 안 본다고 생각합니다. 하지만 하나님은 다 보고 계십니다. 불꽃 같은 눈으로 감찰하십니다. 그 눈을 의식하는 것이 경외함의 첫 출발입니다.

하나님 앞에서 삽시다. 하나님의 눈 앞에서 삽시다. 자고 일어나는 것도, 아무리 적은 일이라도 모두 하나님 눈 앞에서 해야 합니다. 내 생각과 내 혀, 말 하나하나 주님은 다 아십니다.시 139:4 바다 끝에 거할지라도, 땅끝에 거할지라도 하늘 끝에 거할지라도 하나님은 다 아십니다. 늘 범사에 하나님의 눈을 기억하면서 '하나님을 기쁘시게 할 것이 무엇인가'엡 5:10를 고민하는 것이 경외입니다.

어리석은 자는 하나님을 경외하지 않습니다. 하나님을 알지 못하면 어리석고 미련하여 망하게 됩니다.호 4:6, 시 49:20 죽은 자는 생명이 없어 아무것도 알지 못합니다.

영생은 곧 유일하신 참 하나님과 그가 보내신 자 예수 그리스도를
아는 것이니이다 요 17:3

지혜는 여호와를 경외하는 것입니다 | 19

하나님의 생명, 영생을 얻어야 하나님을 알게 됩니다. 그래야 하나님을 경외하게 됩니다.

하나님을 알아야 자신도 알고, 부모도 알고, 이웃도 알고, 인생도 알고, 성경도 알고, 모든 것을 알게 됩니다. 그래서 지혜의 첫걸음은 하나님을 경외하는 것입니다. 하나님을 경외하면 하나님을 아는 지식에서 점점 자라가면서 진리에 대하여 하나하나 알아가게 될 것입니다. 골 1:10

유혹을 이길지어다

여호와를 경외하게 자에게 임하는 은혜가 있습니다.

먼저 죄의 유혹을 이기게 됩니다. 하나님을 경외하면 지혜와 지식이 임하여 세상을 살아갈 때 죄의 유혹에 넘어가지 않습니다.

내 아들아 악한 자가 너를 꾈지라도 따르지 말라 잠 1:10

악한 자는 고의로 죄를 범하며 다른 사람들까지 실족케 만드는 자, 빗나간 자를 뜻합니다. 꾄다는 것은 사악한 방법으로 유혹하고, 속이는 것을 말합니다. 우리는 그들과 함께 다녀서는 안 됩니다. 발을 금해야 합니다. 그렇지 않으면 죄의 유혹에 넘어가 해함을 받게 됩니다. 주위에서 악한 자들이, 사탄이 우리를 시험할지라도 이겨야 합니다. 사탄은 시험하는 자입니다. 유혹의 시험을 이기기 위해서는 지혜가 있어야 합니다. 지혜가 없으면 시험에 넘어갑니다.

내 아들아 그들과 함께 길에 다니지 말라 네 발을 금하여 그 길을

밟지 말라 대저 그 발은 악으로 달려가며 피를 흘리는 데 빠름이
니라 잠 1:15-16

복 있는 사람은 악인들의 꾀를 따르지 아니하며 죄인들의 길에
서지 아니하며 오만한 자들의 자리에 앉지 아니하고 오직 여호와
의 율법을 즐거워하여 그의 율법을 주야로 묵상하는도다 시 1:1-2

시험을 이기시기 바랍니다.

'3T'의 시험이 있습니다. '환난의 시험'Tribulation과 '테스트의 시험'Test과 '유혹의 시험'Temptation입니다. 환난의 시험은 극복하고, 테스트의 시험은 합격하고, 유혹의 시험은 이겨야 합니다. 이중에서 가장 무서운 것은 유혹의 시험입니다. 환난의 시험이 오면 믿음으로 잘 극복하는데, 유혹의 시험에는 힘없이 넘어질 때가 많습니다. 고린도전서 10장 12절에 '선 줄로 생각하는 자는 넘어질까 조심하라'고 하였는데, 이 구절에서 넘어지는 것은 죄의 유혹에 빠져 실족하는 것을 말합니다.

사람이 감당할 시험 밖에는 너희가 당한 것이 없나니 오직 하나
님은 미쁘사 너희가 감당하지 못할 시험 당함을 허락하지 아니하
시고 시험 당할 즈음에 또한 피할 길을 내사 너희로 능히 감당하
게 하시느니라 고전 10:13

하나님은 능히 유혹의 시험을 이길 수 있도록 피할 길을 주십니다. 마귀는 죄를 짓도록 충동질합니다. 유혹은 충동입니다. 한 번 충동이 생기면 이것이 점점 나를 집어삼켜 버립니다. 그래서 늘 성령의 감동

으로 살아야 합니다. 죄를 짓도록 충동질하는 유혹에 이끌려 살지 말고, 성령의 감동으로 살아야 합니다.

> 내가 이르노니 너희는 성령을 따라 행하라 그리하면 육체의 욕심을 이루지 아니하리라 육체의 소욕은 성령을 거스르고 성령은 육체를 거스르나니 이 둘이 서로 대적함으로 너희가 원하는 것을 하지 못하게 하려 함이니라 갈 5:16-17

성령을 좇아 행하면, 육신의 소욕을 이루지 않습니다. 유혹의 시험은 육신의 충동입니다. 항상 성령이 충만히 임하여 다스려 주셔야 합니다. 성령님이 오실 때 지혜의 신, 총명의 신이 임합니다.

어리석게 죄의 유혹에 넘어가면 안 됩니다. 요셉과 삼손의 생애를 기억하십시오. 둘은 똑같이 유혹을 받았습니다. 보디발의 아내가 날마다 요셉을 유혹했고, 들릴라가 날마다 삼손을 미혹했습니다.

요셉은 보디발의 아내가 유혹했을 때, "내가 어찌 이 큰 악을 행하여 하나님께 죄를 지으리이까" 창 39:9 라고 했습니다. 요셉과 자신, 둘밖에 생각하지 못하는 보디발의 아내는 "우리가 죄를 짓자"고 유혹합니다. 그러나 하나님을 경외하는 사람, 요셉은 하나님의 눈을 의식하여 "여기에 하나님이 계신다"라며 단호히 뿌리치고 도망갑니다. 유혹을 이긴 요셉은 억울하게 감옥살이를 했지만, 결국 애굽의 국무총리가 되어 가족을 살리고 이스라엘의 모체를 이루었습니다.

그러나 삼손은 날마다 유혹에 번민했습니다. 삿 16:16 그 자리를 박차고 나오면 되는데 번민할 것이 무엇입니까? 달콤한 들릴라의 무릎을 뿌리치지 못한 삼손은 마침내 힘의 비밀을 다 이야기해 주었습니다.

후에는 하나님께 "한 번만 나를 강하게 해 주십시오"라고 하여 블레셋을 물리쳤지만, 유혹에 넘어간 삼손은 머리카락이 잘리고, 두 눈이 뽑히고, 맷돌을 돌리게 되는 비참한 상황에까지 처하게 되었습니다.

죄의 유혹에 지지 말고 승리해야 합니다. 하나님께서 죄를 용서해 주신다는 이유로 함부로 죄를 지으면 안 됩니다.

> 그런즉 우리가 무슨 말을 하리요 은혜를 더하게 하려고 죄에 거하겠느냐 그럴 수 없느니라 죄에 대하여 죽은 우리가 어찌 그 가운데 더 살리요 롬 6:1-2

우리는 거듭난 영으로 살아야 합니다.

영을 따라 살아야 육체의 욕심을 대적하여 승리하게 됩니다. 죄는 성도의 삶에 커다란 악영향을 미칩니다. 손해가 얼마나 큰지 모릅니다. 자녀들에게까지 그 폐해가 이어지게 됩니다. 지혜로 유혹을 이겨야 합니다. 미련한 자는 유혹에 쉽게 빠져 죄를 짓고, 함부로 화내고, 짜증을 부리고, 싸웁니다. 어리석은 자는 기다렸다는 듯이 쉽게 넘어지고, 죄와 싸워보려고 하지도 않습니다. 이런 사람들은 오히려 죄를 더 좋아하고 악을 즐깁니다.

그리스도인들은 이익을 탐하면 안 됩니다. "이익을 탐하는 모든 자의 길은 다 이러하여 자기의 생명을 잃게 하느니라"잠 1:19고 했습니다. 결국 죄의 유혹에 넘어가는 것은 이익과 욕심 때문입니다. 그리스도인들은 요셉처럼 환난이 오더라도 죄의 유혹을 끊어버려야 합니다. 거룩의 능력, 지혜의 능력이 있기를 바랍니다. 지혜는 죄의 유혹을 이기게 합니다.

책망을 듣고 돌이키라

여호와를 경외하여 지혜를 얻게 되면 책망을 듣고 돌이키게 됩니다.

> 나의 책망을 듣고 돌이키라 보라 내가 나의 영을 너희에게 부어 주며 내 말을 너희에게 보이리라 잠1:23

책망을 듣고 돌이키라는 것은 회개하라는 것입니다. 회개하면 성령을 부어 주십니다. 말씀을 깨닫게 됩니다.

20절에서 22절까지 보면, 지혜가 막 소리를 지르고 있습니다. 길거리에서 광장에서 시끄러운 길목에서 목소리를 높이며 소리를 발하고 있습니다. "하나님의 사람들아! 인생들아! 내 말을 들어라!" 하면서 말입니다. 그리고 나서 지혜는 어리석은 자, 거만한 자, 미련한 자들에게 "어리석음을 좋아하고 거만을 기뻐하며 지식을 미워하는 너희여, 어느 때까지 그렇게 살겠느냐!" 잠 1:22 라고 안타깝게 외칩니다. 이것은 주님이 외치시는 음성입니다.

그러나 사람들은 듣기 싫어합니다. 돌아보는 자가 없습니다. 도리어 주님의 교훈을 멸시하며 책망을 받지 않습니다. 잠 1:24-25 그로 인해 두려움이 광풍같이, 재앙이 폭풍같이 임합니다. 근심과 슬픔이 임합니다. 그때는 기도를 해도 공허한 메아리뿐입니다. 하나님을 만날 수 없습니다. 왜 그렇습니까? 지식을 미워하고, 여호와 경외하기를 즐겨하지 아니하고, 교훈을 받지 않고 책망을 업신여겼기 때문입니다. 잠 1:28-30

어리석은 자의 퇴보는 자기를 죽이며 미련한 자의 안일은 자기를

멸망시킵니다.잠 1:32

> 모든 성경은 하나님의 감동으로 된 것으로 교훈과 책망과 바르게 함과 의로 교육하기에 유익하니딤후 3:16

> 그러므로 너희가 회개하고 돌이켜 너희 죄 없이 함을 받으라 이같이 하면 새롭게 되는 날이 주 앞으로부터 이를 것이요행 3:19

책망을 듣고 돌이켜야 바르게 의롭게 살 수 있습니다. 회개하면 죄 사함의 은총 속에 새로운 인생이 시작됩니다.
　어리석고 미련하게 살지 않고, 지혜롭고 명철하게 살아야 합니다.
　지혜의 첫걸음은 무엇입니까?
　여호와를 경외하는 것입니다.
　여호와를 경외하는 자는 죄의 유혹에서 승리할 수 있습니다. 책망을 듣고 돌이켜 성령 충만한 삶을 살 수 있습니다.
　잊지 마십시오.
　지혜의 첫걸음은 여호와를 경외하는 것입니다.

잠언 2장

지혜는
하나님이 주십니다

지혜는 하나님이 주셔야 받을 수 있습니다. 모든 것은 하나님에게서 옵니다. 하나님이 주시지 않으면 사람은 아무것도 받을 수 없습니다.요 3:27 지혜도 마찬가지입니다.

> 대저 여호와는 지혜를 주시며 지식과 명철을 그 입에서 내심이며
> 잠 2:6

솔로몬이 받은 하나님의 지혜

솔로몬은 많은 잠언을 기록했습니다. 잠언 삼천 가지를 말하였고, 그의 노래는 천 다섯 편이라 했습니다.왕상 4:32 솔로몬의 지혜는 애굽의 모든 사람보다도 뛰어났고, 세상에서 가장 탁월했습니다.

솔로몬 왕의 지혜로운 재판 이야기는 너무나 유명합니다. 누구의 아이인지 진짜 어머니를 가려야 할 재판을 하게 되었습니다. 창기였던 두 여자가 왕 앞에 와서 어린 아기 하나를 두고 서로 자기 아들이라고 주장합니다. 솔로몬은 칼을 가지고 와서 아기를 둘로 나누어 반씩 주라고 판결합니다. 가짜 어머니는 아이를 나누게 하라고 했지만,

진짜 어머니는 제발 죽이지 말고 다른 여자에게 주라고 했습니다. 솔로몬은 아들에 대한 사랑으로 애가 타 불타올라 아기를 죽이지 말라고 한 여인이 참 어머니라고 판단하고 그에게 아기를 주도록 했습니다. 참으로 지혜로운 판결이었습니다. 사람들은 솔로몬의 재판을 보고 왕을 두려워했습니다. 성경은 이 놀라운 지혜를 하나님의 지혜라고 말하고 있습니다.^{왕상 3:28}

사모하는 자

그렇다면 하나님은 누구에게 지혜를 주실까요? 사모하는 자에게 주십니다.

잠언 2장 1절에서 5절까지 보면, 지식을 불러 구하고 명철을 얻으려고 소리를 높인다고 했습니다. 은을 구하는 것 같이 구하며, 감추어진 보배를 찾는 것 같이 찾는다고 했습니다. 이것은 한마디로 사모함을 말합니다. 사모하는 자가 하나님을 경외하기를 깨닫게 되고 하나님을 알게 되는 지혜를 얻게 됩니다. 지혜를 사모해야 합니다. 마치 은과 금, 가장 귀한 보배를 구하듯이 갈망해야 합니다.

시편 107편 9절에서 "하나님은 사모하는 영혼에게 만족을 주시며 주린 영혼에게 좋은 것으로 채워주신다"고 약속하십니다.

솔로몬이 일천번제를 드릴 때의 일입니다.^{왕상 3:1-15} 하나님이 솔로몬의 꿈에 나타나셔서 "네게 무엇을 줄꼬 너는 구하라"고 하실 때 솔로몬은 '분별하는 지혜'를 구했습니다. 이것이 하나님의 마음을 감동시켰습니다. 솔로몬의 대답을 마음에 꼭 들어하신 하나님은 지혜뿐만 아니라 부귀와 영화까지 선물로 주셨습니다. 지혜를 주시되 심히

많이 주시고 넓은 마음도 주셨습니다.^{왕상 4:29}

구하고, 찾고 두드리는 사, 사모하는 자에게 하나님은 좋은 것을 주십니다. 독생자도 아끼지 않으시고 우리를 위해 내어주신 하나님은 모든 것을 은혜로 주십니다. 솔로몬이 간절히 사모하여 지혜를 얻었던 것처럼 우리도 사모함을 통해 지혜를 얻을 수 있습니다.

정직한 자

하나님은 또한 "정직한 자"에게 지혜를 주십니다.

> 대저 여호와는 지혜를 주시며 지식과 명철을 그 입에서 내심이며 정직한 자를 위하여 완전한 지혜를 예비하시며 행실이 온전한 자에게 방패가 되시나니 잠 2:6-7

> 대저 정직한 자는 땅에 거하며 완전한 자는 땅에 남아 있으리라
> 잠 2:21

하나님은 지혜를 주시는데, 정직한 자에게 완벽한 지혜를 주십니다. 이것은 사람의 꾀가 아닌, 얕은 지식이 아닌, 이성을 뛰어넘는 하나님의 탁월한 지혜를 말합니다.

현장에서 간음하다 잡힌 여인이 있었습니다. 서기관과 바리새인들은 이 부정한 여인을 예수님께 끌고 와서 "모세의 율법에는 돌로 치라고 명령했는데 선생은 어떻게 말하겠습니까?"라고 물어보며 시험합니다. 만약 돌로 치라고 하면 사랑이 없게 되는 것이고, 돌로 치지 말라고 한다면 율법을 어기게 되는 것입니다. 참으로 곤란한 상황 속

에 예수님은 "너희 중에 죄 없는 자가 먼저 돌로 치라"요 8:7고 하셨습니다. 예수님의 말씀에 양심의 가책을 느낀 사람들은 모두 떠나갔습니다. 예수님은 고발하고자 하는 저들의 시험을 물리치고 부정한 여인은 용서하셨습니다. 예수님은 지혜롭게 일을 처리하셨습니다. 예수님의 지혜는 도저히 사람에게서 나올 수 없는 하나님의 지혜입니다. 완벽한 지혜입니다.

오직 부르심을 받은 자들에게는 유대인이나 헬라인이나 그리스도는 하나님의 능력이요 하나님의 지혜니라 고전 1:24

부르심을 받은 자들에게 예수님은 완전한 하나님의 지혜가 되십니다.
정직하여 이 지혜가 나의 것이 되어야 합니다.
어리석은 자는 정직한 길을 떠나 어두운 길에서 방황합니다.잠 2:13 하나님 앞에서 정직해야 합니다. 사람의 행위가 자기 보기에는 정직하여도 하나님은 심령을 감찰하십니다.잠 21:2 이스라엘 왕 다윗을 보십시오. 밧세바를 탐하여 간음합니다. 그녀가 임신한 사실을 알고 이것을 속이기 위해 거짓말을 하고 결국 충신이었던 밧세바의 남편 우리아를 죽이기에 이릅니다. 이러한 다윗의 거짓된 행동을 하나님은 다 보고 계셨습니다. 나중에 다윗은 나단 선지자의 책망을 듣고 회개합니다. 하나님 앞에서 자기가 범죄했음을 자복합니다. 자신이 진실하지 못하고 정직하지 못했음을 깊이 뉘우칠 때 하나님은 지혜를 주십니다.시 51:6, 10

열쇠가 있어도, 그 열쇠가 구부러지면 문을 열 수 없습니다. 이처럼 구부러진 마음은 지혜를 얻을 수 없습니다. 구부러진 마음, 비뚤어진 마음도 예수의 이름으로 똑바로 펴지면 지혜를 얻을 수 있습니다.

정직하면 좋은 것을 주십니다. 지혜를 주십니다.

> 정직하게 행하는 자에게 좋은 것을 아끼지 아니하실 것임이니이다
> 시 84:11

지혜를 얻는 자는 구원받는다

그렇다면 사모함과 정직을 통해 지혜를 얻게 될 때 어떤 은혜가 임할까요?

악한 자의 길과 패역한 세상에서 건져냄을 받습니다.잠 2:12-15 음녀의 미혹으로부터 구원받게 됩니다.잠 2:16

예수님은 "이 악하고 음란한 세대에게 보여 줄 것은 나의 표적밖에 없다."마 12:3; 16:4, 눅 11:29고 말씀하였습니다. 예수의 이름으로 죄악에서, 패역한 세대에서 구원을 얻을 수 있습니다. 마찬가지로, 지혜로 이 악한 세상에서 구원을 얻을 수 있습니다. 그래서 생명의 길을 걸어가고, 선한 자의 길로 행하고, 의인의 길을잠 2:19-20 뚜벅뚜벅 걸어갈 수 있게 됩니다.

지혜는 하나님이 주십니다.

하나님은 만물도, 생명도, 호흡도 주십니다. 독생자까지 아끼지 아니하시고 주신 하나님은 모든 것을 은사로 주십니다. 무엇보다도 지혜를 주십니다.

지혜를 사모하십시오. 정직을 통해 지혜를 받으십시오. 지혜로 이 패역한 세대에서 구원을 받고 승리하여 세상의 소금과 빛이 되시기를 바랍니다.

잠언 3장

지혜가 복입니다

누가 복된 자입니까?
지혜를 얻은 자가 복 있는 자입니다.

> 지혜를 얻은 자와 명철을 얻은 자는 복이 있나니 잠 3:13

재물이 최고의 복이 아닙니다. 지혜를 얻는 것이 은을 얻는 것보다 낫고 그 이익이 정금보다 낫다고 했습니다. 잠 3:14 지혜와 명철이 가장 좋은 복입니다. 지혜가 제일이라면 지혜와 명철은 최고의 복입니다. 그 무엇과도 견줄 수 없는 제일의 복입니다.

> 여호와께서는 지혜로 땅에 터를 놓으셨으며 명철로 하늘을 견고
> 히 세우셨고 그의 지식으로 깊은 바다를 갈라지게 하셨으며 공중
> 에서 이슬이 내리게 하셨느니라 잠 3:19-20

지혜와 명철에는 창조의 복이 있습니다. 하나님께서는 지혜와 명철로 천지를 창조하셨습니다. 지혜와 명철의 복은 무에서 유를 만들

어 내는 창조의 복입니다. 창조의 복을 받으면 없는 것도 있는 것으로 불러낼 수 있는 믿음이 생깁니다.

> 지혜는 그 얻은 자에게 생명 나무라 지혜를 가진 자는 복되도다
> 잠 3:18

18절에서도, 지혜는 그 얻은 자에게 생명 나무요 지혜를 가진 자는 복되다고 말합니다. 이것은 마치 에덴동산에서 생명 나무를 얻는 것과 같습니다. 어리석은 인간은 생명 나무를 먹지 못하고 선악과를 따 먹었습니다. 우리는 그리스도 안에서 생명을 먹는 자입니다. 이 생명을 먹는 것이 바로 지혜입니다.

지혜를 가진 자의 복

잠언 3장에서 지혜를 가진 자의 복이 많이 나옵니다. 지혜를 마음판에 새기면 하나님과 사람 앞에서 은총을 받아 귀한 사람이 됩니다.^{잠 3:3-4} 자기 명철을 의지하지 않고 범사에 하나님을 의지하고 인정하면 길을 지도해 주십니다.^{잠 3:5-6} 스스로 지혜롭게 여기지 아니하고 여호와를 경외하며 악을 떠나면, 몸 안에서 좋은 약이 나와 골수가 윤택해지고 건강하게 됩니다.^{잠 3:7-8} 재물과 소산물의 처음 익은 열매로 여호와를 공경하면, 창고가 가득 차고 새 포도즙이 넘쳐나는 풍성함이 있게 됩니다. 지혜에는 장수와 부귀가 있습니다.^{잠 3:16}

하나님을 믿으면 최고의 복, 즉 지혜를 얻습니다. 어리석고 미련하여 자기를 의지하지 말고, 하나님을 의지합시다.

대저 여호와는 네가 의지할 이시니라 잠 3:26

돈을 의지하는 게 낫습니까, 하나님을 의지하는 게 낫습니까, 경험을 의지하고 사는 게 낫습니까, 하나님을 의지하고 사는 게 낫습니까? 판단해 보십시오. 머리로는 답을 알고 이해가 되는데, 가슴으로 내 삶으로는 깨닫지 못하는 경우가 많습니다. 그래서 하늘로부터 임하는 지혜를 얻어야 합니다.

내 꾀를 가지고 살면 안 됩니다. 내 경험, 내 판단, 내 논리, 내 계획으로 살지 말고 하나님이 주시는 지혜를 가지고 살아야 행복합니다.

내 안의 평강

지혜를 가진 자는 복이 있는데, 이것은 자신과의 관계에서, 이웃과의 관계에서, 하나님과의 관계에서 임하는 복입니다.

첫 번째, 자신과의 관계에서는 "평강"입니다.

> 내 아들아 나의 법을 잊어버리지 말고 네 마음으로 나의 명령을 지키라 그리하면 그것이 네가 장수하여 많은 해를 누리게 하며 평강을 더하게 하리라 잠 3:1-2

지혜의 복은 내 심령에 임하는 평안입니다. "주께서 심지가 견고한 자를 평강하고 평강하도록 지키시리니 이는 그가 주를 신뢰함이니이다" 사 26:3라고 했습니다. 하나님을 의지하는 자는 반드시 그 마음에 평안이 찾아옵니다. 지혜의 주님은 평강의 주님이시기 때문입니다. 평강의 주께서는 친히 때마다 일마다 우리에게 평강을 주십니다.^{살후 3:16} 마음이 평안할 때, 모든 복이 임합니다.

여호와께서 자기 백성에게 힘을 주심이여 여호와께서 자기 백성에게 평강의 복을 주시리로다^{시 29:11}

재물이 많고 육체도 건강하지만, 마음이 불안하고 초조하고 걱정에 휩싸이는 이유가 무엇입니까? 마음에 주님의 평강이 없기 때문입니다. 초가삼간에 살더라도 마음이 평안해야 합니다.

그 길은 즐거운 길이요 그의 지름길은 다 평강이니라^{잠 3:17}

지혜의 지름길은 평강입니다. 기도할 때 마음에 평안이 임할 때가 있습니다. 하나님의 평안, 천국의 평안, 성령의 평안이 마음을 사로잡을 때가 있습니다. 기도 응답의 징표로 평안이 임하는 것입니다. 평안이 올 때 감사하십시오. 기도의 응답을 믿으십시오. 기뻐하십시오.

네가 누울 때에 두려워하지 아니하겠고 네가 누운즉 네 잠이 달리로다^{잠 3:24}

주님이 주시는 평안으로 두려움이 없어졌기 때문에 달콤한 잠을 자게 되는 것입니다. 두려워하지 말고 평안하십시오. 그것이 지혜입니다.

내가 평안히 눕고 자기도 하리니 나를 안전히 살게 하시는 이는 오

직 여호와이시니다 시 4:8

평안을 너희에게 끼치노니 곧 나의 평안을 너희에게 주노라 내가 너희에게 주는 것은 세상이 주는 것과 같지 아니하니라 너희는 마음에 근심하지도 말고 두려워하지도 말라 요 14:27

네 시대에 평안함이 있으며 구원과 지혜와 지식이 풍성할 것이니 여호와를 경외함이 네 보배니라 사 33:6

이웃 사랑

두 번째, 이웃과의 관계에서는 "사랑"입니다. 자신의 평안만을 추구하면 이기적인 사람이 됩니다. 평강 가운데 이웃을 내 몸처럼 사랑해야 합니다.

네 손이 선을 베풀 힘이 있거든 마땅히 받을 자에게 베풀기를 아끼지 말며 잠 3:27

사랑은 베푸는 것입니다. 나누는 것입니다. 섬기는 것입니다.
내가 가진 것이 있을 때 이웃이 도움을 청하면 "다시 오라, 내일 주겠다"고 거절하지 말아야 합니다. 이웃과 화평을 도모해야지, 해하거나 까닭 없이 다투지 말아야 합니다. 잠 3:28-30 사랑은 이웃에게 악을 행하지 않는 것입니다. 사랑은 율법의 완성입니다. 롬 13:10

또 마음을 다하고 지혜를 다하고 힘을 다하여 하나님을 사랑하는 것과 또 이웃을 자기 자신과 같이 사랑하는 것이 전체로 드리는

모든 번제물과 기타 제물보다 나으니이다 ᵐᵃᵏ 12:33

지혜가 있어야 하나님도 사랑하고, 이웃도 사랑할 수 있습니다. 자기밖에 모르는 이기적인 사람들은 어찌 보면 참 미련한 자들입니다. 사랑의 눈으로 이웃을 바라보고 세상을 바라보아야 합니다. 모든 민족과 열방까지도 바라보아야 합니다.

사랑의 눈이 열리면 보람된 일, 의미 있는 일을 하고 싶어집니다. 하나님의 감동으로 남을 돕고 싶은 마음이 생기면 즉각 실천에 옮기는 것이 중요합니다. 좋은 일은 내일로 미루면 안 됩니다. 내일은 나의 날이 아닙니다. 오늘만이 나의 날입니다. 다른 사람을 도와주지 못할 만큼 가난한 사람은 없습니다. 마음이 문제입니다. 사랑의 온도계가 올라가면 누구라도 도울 수 있습니다. 섬길 수 있습니다. 선을 베풀 수 있습니다. 복음을 전할 수 있습니다.

이웃을 사랑하며, 이웃을 위해 좋은 일을 많이 하는 사람이 진정으로 행복한 사람입니다.

하나님과의 교통

세 번째, 주님과의 관계에서는 "하나님과의 교통"입니다. 이것이 세 가지 중에서 가장 중요합니다.

> 대저 패역한 자는 여호와께서 미워하시나 정직한 자에게는 그의 교통하심이 있으며 ᵃᵃ 3:32

잠언 2장 7절에 보면 하나님은 정직한 자를 위하여 완전한 지혜를 예비하십니다. 정직한 자와 지혜로운 자에게는 바로 "하나님과의 교통"이 있습니다. 하나님과 나 사이에 막힘이 없어야 합니다. 기도가 막힘이 없어야 합니다. 이것이 최고의 복입니다.

모세는 친구와 이야기함과 같이 하나님과 대면하여 교통했습니다.출 33:11 모세가 친구처럼 하나님과 교통했던 것은 지혜를 사모했기 때문입니다. 모세는 "우리에게 우리 날 계수함을 가르치사 지혜로운 마음을 얻게 하소서"시 90:12라고 하나님께 간구했습니다.

지혜로운 예수님은 항상 하나님과 하나가 되어 기도 가운데 아버지와 교통했습니다.

> 여호와의 친밀하심이 그를 경외하는 자들에게 있음이여 그의 언약을 그들에게 보이시리로다시 25:14

교통함은 경외하는 자, 즉 지혜로운 자에게 있습니다. 그러한 자들에게 하나님은 그의 길을, 그의 언약을 보여주십니다.

> 네 하나님 여호와를 경외하며 그를 섬기며 그에게 친근히 하라
> 신 10:20

> 하나님께 가까이함이 내게 복이라시 73:28

하나님과 친근하게 지내는 것, 하나님을 가까이하는 것이 바로 지혜자의 복입니다.

악인의 집에는 여호와의 저주가 있거니와 의인의 집에는 복이 있느니라 진실로 그는 거만한 자를 비웃으시며 겸손한 자에게 은혜를 베푸시나니 지혜로운 자는 영광을 기업으로 받거니와 미련한 자의 영달함은 수치가 되느니라 잠 3:33-35

의인의 집, 겸손하여 은혜가 넘치는 복된 집은 누구의 집입니까? 지혜로운 자의 집입니다. 미련하여 악하고 부끄러운 생애로 끝나지 말고, 지혜로워 영광스러운 생애가 되어야 합니다.

지혜가 복입니다. 최고의 복입니다. 지혜에는 온갖 복이 다 들어 있습니다.

복이 넘치는 지혜로운 자가 되기를 바랍니다.

마음에 평강이 임하고, 이웃에게 사랑을 베풀며 하나님과 교통하는 놀라운 복을 누리십시오.

잠언 4장

지혜가
제일입니다

지혜가 있으려면

> 지혜가 제일이니 지혜를 얻으라 네가 얻은 모든 것을 가지고 명철을 얻을지니라 잠 4:7

고린도전서에는 "사랑이 제일이라"고전 13:13고 하며, 잠언에서는 "지혜가 제일이다"라고 합니다. 일맥상통하는 말입니다. 지혜로운 자는 사랑할 것이며, 사랑하는 자는 지혜로울 것이기 때문입니다. 가장 큰 사랑의 계명을 이루려면 지혜가 있어야 합니다.

제일이 되는 지혜는 사람이 스스로 얻을 수 있는 것이 아닙니다. 잠언서의 지혜는 결국 예수님 안에서만 그 의미가 풀어집니다. 그래서 지혜를 얻으려면 예수를 믿지 않고는 불가능합니다. 예수가 없는 지혜는 참 지혜가 아닙니다. 예수님이 지혜이기 때문입니다.고전 1:30

> 그리스도는 하나님의 능력이요 하나님의 지혜니라고전 1:24

하나님의 비밀인 그리스도를 깨닫게 하려 함이니 그 안에는 지혜
와 지식의 모든 보화가 감추어져 있느니라 골 2:2-3

참 지혜가 되시는 예수님 안에는 온갖 지혜의 보화가 가득 차 있습
니다. 마치 방안에 그 보화가 가득한 것처럼, 보석함에 보석과 보화
가 가득한 것처럼, 예수님 안에는 지혜가 가득합니다.

결국, 마지막에 알게 되는 지혜

잠언 4장의 결론부터 이야기하자면, "지혜가 제일인데 어떻게 지
혜를 얻을까?" 하는 것이고, "그래, 예수 믿으면 지혜롭게 되겠네" 하
는 것입니다.

참 지혜를 배척하는 자는 어리석은 자입니다. 잠 18:1 그래서 미련한
자는 지혜자 예수님을 믿지 못합니다. 예수님을 믿는 자만이 지혜를
얻고 사랑할 수 있습니다. 만약 우리가 예수님을 제대로 믿고 있다면
이미 우리는 예수님 안에서 지혜로운 자임을 깨달아야 합니다. 누가
지혜로운지 서로 모를 수가 있습니다.

예수님께서는 마태복음 5장에서 7장까지의 말씀을 통해 지혜에
대한 결론을 내리셨습니다.

'내 말을 듣고 지키는 자는 지혜로운 사람과 같다. 그 사람은 집을
반석 위에 짓는 자다. 그러나 어리석은 자는 말씀을 듣고도 순종하지
않아, 그 집을 모래 위에 짓는 것 같다.'

모래 위에 집을 지으면 쉬워서 금방금방 짓습니다. 그래서 그 사람
이 굉장히 성공한 것 같습니다. 남보다 빨리 성공한 것 같고, 화려하

게 지은 집을 보면 남보다 인생이 잘 나가는 것 같습니다. 하지만 반석 위에 집을 지으면 기초를 튼튼히 해야 하기에 모든 것이 느리고 힘이 듭니다. 사람들은 성공하지 못했다고, 더디다고 이야기할 수 있습니다. 그러나 홍수가 나고, 비바람이 불고, 해일이 일어나고, 폭풍우가 치면, 그때 모든 것이 드러납니다.

어느 날 우리 교회를 둘러보니 길가에 심어져 있는 나무 중 한 그루가 뽑혀 있었습니다. 아마도 비바람이 세차게 치는 폭풍우에 뽑혀 나간 것 같았습니다. 심을 때는 모든 나무가 똑같이 심어졌고 자랄 땐 다 잘 자라는 것 같이 보였습니다. 하지만 한번 폭풍우가 일어나니 실상이 드러났습니다. 뽑힌 나무는 뿌리가 튼튼하지 못한 나무임이 판명된 것입니다.

인생도 마찬가지입니다. 시간이 지나면서 마지막에 결판이 납니다. 마지막에 누가 지혜롭고 어리석은 자인지 다 알게 됩니다. 우리는 마지막에 지혜로운 자로 인생이 끝나야 합니다. 그러기 위해서는 참 지혜자 되시는 예수님을 바로 믿어야 합니다.

지혜가 제일이다

이 제일이란 단어에는 시작이란 말과 최고라는 뜻이 있습니다. 즉 지혜는 시작이면서 최고라는 것입니다. 지혜가 없으면 아예 그 인생은 아직 출발하지도 않은 것입니다. 모든 것의 첫 출발점이 바로 지혜입니다. 공부도, 신앙생활도, 사랑도 그 첫 출발은 지혜입니다.

지혜는 최고이기도 합니다. 지혜를 가진 자는 최고의 사람입니다. 당신이 이 최고의 지혜를 가진 사람이라는 것을 알고 계십니까? 성도는 이미 예수님 안에서 믿음으로 지혜를 얻은 자이기 때문에 최고의 사람입니다. 이는 너무나 큰 은혜입니다. 은금보다 귀한 최고의 지혜를 얻었습니다. 감사해야 합니다.

이 놀라운 은혜를 잊지 말고 삶의 현장에 적용하고, 가정과 이웃과 교회에서도 그것을 사용해야 합니다. 내 안에 이미 지혜가 와 있으니 이 지혜가 내 삶의 현장에서 능력으로 나타나게 해주시도록 기도해야 합니다. 거룩으로 나타나게 해주시고, 기쁨으로 나타나게 해주시고, 기도 응답·순종·승리·선행·전도·선교·충성으로 나타나게 해주시도록 기도하기 바랍니다.

밤낮없이 기도하고 전도하고 충성하는 것을 세상은 이해하지 못합니다. 오히려 어리석다고 여깁니다. 하지만 미련해서가 아닙니다. 지혜로운 자는 이것이 최고임을 깨달아 알기에 이 일들을 하는 것입니다.

> 지혜를 얻으며 명철을 얻으라 내 입의 말을 잊지 말며 어기지 말라 지혜를 버리지 말라 그가 너를 보호하리라 그를 사랑하라 그가 너를 지키리라 잠 4:5-6

잠언의 말씀을 보면 연인 간의 사랑에 빗대어 지혜를 사랑하라고 말하고 있습니다. 남녀 간에 서로 사랑하듯이 그렇게 주님을 사랑하고 지혜를 사랑해야 합니다. 성도는 주님의 신부입니다. 지혜를 버리는 것은 예수님을 버리는 것이요, 지혜를 사랑하는 것은 예수님을 사랑하는 것입니다. 주님은 우리를 보호하고 우리를 지키실 것입니다.

우리가 예수 그리스도를 높이면 주님이 우리를 높일 것입니다. 잠 4:8

예수님을 사랑하고 품으면, 주님이 우리를 영화롭게 할 것입니다. 예수 그리스도가 아름다운 관을 우리의 머리에 두시겠고 영화로운 면류관을 우리에게 줄 것입니다.^{잠 4:9}

면류관을 얻을 때까지, 상을 얻을 때까지 우리는 달려가야 합니다. 그날에 주님 앞에서 생명의 면류관, 썩지 않을 면류관, 영화로운 면류관, 의의 면류관을 얻도록 지혜로운 자가 되어 달려가야 합니다.

지혜는 생명이다

잠언 4장에서 지혜가 제일이라고 말하는 이유는 지혜가 "생명"이기 때문입니다. "지혜를 얻는 자는 생명을 얻는 자이고, 지혜를 얻지 못하는 자는 사망에 거하는 자"입니다. 우리는 원래 죄와 사망에 거하는 미련한 자들이었습니다. 그러나 예수님을 믿게 되어서 죄 사함을 받고 생명을 얻었습니다. 예수님은 영원한 생명이십니다.

그래서 4절에 "아버지가 내게 가르쳐 이르기를 내 말을 네 마음에 두라 내 명령을 지키라 그리하면 살리라"고 하였습니다. 영원한 생명은 지혜에서 나옵니다.

10절에 "내 아들아 들으라 내 말을 받으라 그리하면 네 생명의 해가 길리라"고 하십니다. 육신의 생명에 비추어서 영원한 생명을 이야기하는 것입니다. 또한 "그것은 얻는 자에게 생명이 되며 그의 온 육체의 건강이 됨이니라"^{잠 4:22}고 하였습니다. 건강이 된다는 것은 "약"이 된다는 것입니다. 지혜가 약입니다. 지혜의 양약은 영육 간에 생명을 주며 건강하게 해줍니다.

23절에서는 "모든 지킬만한 것 중에 더욱 네 마음을 지키라 생명의

근원이 이에서 남이니라"고 이야기합니다. 앞서 잠언 3장 18절에서
도 "지혜는 그 얻은 자에게 생명 나무라 지혜를 가진 자는 복되도다"
라고 하며 생명에 관해 이야기하고 있습니다. 지혜 있는 자의 교훈은
생명의 샘이니 사망의 그물에서 벗어나게 합니다.잠 3:14

지혜는 빛이다

또 하나, 지혜가 최고라는 것은 지혜가 "빛"이기 때문입니다. 세상
을 살 때, 빛이 없다고 생각해 보십시오. 눈을 감고 운전하고, 길에 다
니고, 자전거를 탄다고 생각해 보십시오. 조금은 움직일 수 있습니다.
하지만 가다가 곧 사고가 나고 맙니다.

미련함은 어두움입니다. 미련한 자의 마음은 어두워서 넘어지고
맙니다. 넘어져도 어디에 걸려서 넘어졌는지 모릅니다.

의인의 길은 돋는 햇살 같아서 크게 빛나 한낮의 광명에 이릅니
다.잠 4:18 반면 악인의 길은 어둠 같아서 그가 걸려 넘어져도 그것이
무엇인지 깨닫지 못합니다.잠 4:18 지금 내가 어떤 상태에 있는지, 왜
이런 일이 일어나는지, 무엇이 문제인지 그 원인도 모릅니다. 교만은
어두움입니다. 교만하면 어리석어 아무것도 분별하지 못합니다.딤전 6:4

지혜는 빛입니다. "의인의 길은 돋는 햇살 같아서 크게 빛나 한낮
의 광명에 이르거니와"잠 4:18, 이 말씀을 여러분의 마음판에 새기십
시오. 아침에 해가 떠오르면서 점점 어두운 세상을 밝히기 시작하다
가 한낮, 즉 정오가 되면 광명을 이룹니다. 정오에 가장 빛나는 것처
럼 우리도 그러한 빛 가운데 거해야 합니다.

주변에 불을 한번 꺼 보십시오. 캄캄합니다. 아무것도 분간할 수 없

습니다. 불을 다시 한번 켜 보십시오. 빛이 다시 비추면 즉시 모든 것을 알게 됩니다. 이처럼, 지혜의 빛이 임히면 '예수님이 누구인가, 하나님이 누구인가, 천국이 무엇인가' 하는 것들을 성경을 통해 다 깨닫게 됩니다. 예수님은 "생명이요 빛"요 1:3이라고 이야기했습니다. 그 생명의 빛이 임해야 합니다. 지혜가 있다는 것은 생명이 임한 것이고, 빛이 임한 것입니다.

> 나는 세상의 빛이니 나를 따르는 자는 어둠에 다니지 아니하고 생명의 빛을 얻으리라 요 8:12
>
> 지혜가 우매보다 뛰어남이 빛이 어둠보다 뛰어남 같도다 전 2:13
>
> 지혜 있는 자는 궁창의 빛과 같이 빛날 것이요 많은 사람을 옳은 데로 돌아오게 한 자는 별과 같이 영원토록 빛나리라 단 12:3

다니엘서의 말씀과 같이 빛이 되어야 합니다. 지혜로 세상을 살려야 합니다. 지혜로 한 영혼이라도 주께로 돌아오게 해야 합니다. 많은 사람을 주께로 인도하는 생명의 빛으로 살아야 합니다.

더욱 네 마음을 지키라

이제 우리는 '지혜가 제일인데 이는 지혜가 생명이고, 빛이기 때문에 그렇구나'라는 사실을 깨달았습니다. 그런데 여기서 중요한 것이 있습니다. 마음을 지켜야 합니다.

> 모든 지킬 만한 것 중에 더욱 네 마음을 지키라 생명의 근원이 이

에서 남이니라 잠 4:23

마음을 잘 지켜야 마음속에 있는 지혜가 나옵니다. 거기에서 생명, 즉 빛이 나옵니다. 마음에 근심, 염려, 짜증이 있으면 지혜가 나오지 않습니다. 생명은 역사하지 않습니다. 사망이 역사하고 어두움이 역사합니다.

마음을 지키는 것은 마음관리를 말합니다. 정원을 잘 가꾸고 관리해야 하는 것처럼, 내 마음도 정원과 같이 관리가 필요합니다. 마음관리를 잘한다는 것은 믿음으로 생각하며 해석을 잘한다는 것입니다. 매사에 믿음으로 밝은 면을 바라보고 해석하는 것이 지혜입니다. 나쁜 생각, 부정적인 생각을 하는 대신에 좋은 생각을 해야 합니다. 부정적인 생각은 마음을 혼란스럽게 합니다.

귀, 눈, 입, 발을 주의해야 한다

마음을 관리하고 지키는 것은 귀, 눈, 입, 발과 연결돼 있습니다. 귀를 잘 관리해야 합니다.

내 아들아 내 말에 주의하며 내가 말하는 것에 네 귀를 기울이라 잠 4:20

우리는 듣지 말아야 할 것은 듣지 말고, 들어야 할 것을 들어야 합니다. 어떤 사람은 들어야 할 말은 안 듣고, 듣지 말아야 할 말은 듣습니다. 그래서 마음에 오해가 생깁니다. 하와는 하나님의 음성에는 귀를 기울이지 않고 사탄의 음성에 귀를 기울이다가 사탄의 유혹에 넘어갔습니다.

눈을 잘 관리해야 합니다.

> 그것을 네 눈에서 떠나게 하지 말며 네 마음속에 지키라 잠 4:21

보아야 할 것은 보고, 보지 말아야 할 것은 보지 않아야 합니다. 다윗은 내 눈앞에 비루한 것을 두지 않겠다고 했습니다. 시 101:3 눈은 몸의 등불입니다. 눈이 어두우면 온몸과 마음이 어두워집니다.

입을 잘 관리해야 합니다.

> 구부러진 말을 네 입에서 버리며 비뚤어진 말을 네 입술에서 멀리 하라 잠 4:24

말을 함부로 하면 안 됩니다. 입만 열면 다른 사람에 대해 험담을 하고, 불평하는 사람과 동행하지 마십시오. 구부러진 말을 삼가고, 비뚤어진 말도 하지 않아야 합니다. 더러운 말은 입 밖에도 내지 말고, 오직 덕을 세우는 선한 말을 하여 듣는 자들에게 은혜를 끼쳐야 합니다. 엡 4:29

발을 잘 관리해야 합니다.

> 네 발이 행할 길을 평탄하게 하며 네 모든 길을 든든히 하라 잠 4:26

가야 할 곳에는 반드시 가고, 가지 말아야 할 곳에는 가지 말아야 하며, 쓸데없는 자리에 앉지 말아야 합니다. 발걸음이 복 되어야 합니다. 여기서 "평탄케 한다"는 말은 "헤아린다"는 뜻입니다. 가야 할 곳과 가지 말아야 할 곳을 분별하라는 것입니다. 우리의 발걸음이 좌로나 우로나 치우치지 않고 악에서 떠나게 해야 합니다.잠 4:27 성도의 발걸음은 에녹과 같이 주님과 동행하는 발걸음이어야 합니다.창 5:24

마음을 지킨다는 것은 산속에 들어가서 마음을 수련하는 것이 아닙니다. 일상의 삶 속에서 귀와 눈과 입과 발을 잘 관리하여 지혜롭게 살아가는 것입니다. 주의 말씀을 듣는 복된 귀, 아름다운 것을 보는 복된 눈, 은혜로운 말을 하는 복된 입, 선한 길을 걸어가는 복된 발이 될 때 마음을 지키게 됩니다.

지혜가 제일입니다. 그 지혜는 예수님이십니다.

지혜가 제일이 되는 것은 지혜가 생명이요 빛이기 때문입니다.

마음을 지켜 지혜가 생명처럼 흐르고, 빛처럼 나타나는 삶이 되시기를 바랍니다.

잠언 5장

지혜는
죄를 멀리하는 것입니다

이미 죄의 유혹에서 승리한 자들인 우리

잠언 5장에서 이야기하는 지혜는 "죄를 멀리하는 것"입니다.

> 네 손에 죄악이 있거든 멀리 버리라 욥 11:14

> 여호와를 경외하는 것은 악을 미워하는 것이라 나는 교만과 거만과 악한 행실과 패역한 입을 미워하느니라 잠 8:13

지혜의 근본은 바로 여호와를 경외하는 것인데, 악을 미워하고 죄를 멀리하는 것을 말합니다. 죄를 가까이하면 망하고, 죄를 멀리하면 흥합니다. 사탄이 죄의 근원입니다. 성도는 사탄을 대적하여 꾸짖고 멀리해야 합니다.

하지만 기억해야 할 것이 있습니다. 성도는 얼마든지 죄를 멀리하고 이길 수 있습니다. 왜냐하면, 옛 사람이 십자가에 못 박혀 그리스도와 함께 죽었기 때문입니다. 첫 아담으로부터 물려받은, 구원을 받기 전의 옛 사람은 이미 죽었습니다. 이제 우리는 그리스도 안에서 새로운 피조물이 되어 예수와 함께 사는 자가 되었습니다. 주님은 우리의 거듭난 영 안에 계시고, 우리는 하나님의 거룩함을 받았습니다.

> 예수 그리스도의 몸을 단번에 드리심으로 말미암아 우리가 거룩함을 얻었노라 히 10:10
>
> 하나님이 죄를 알지도 못하신 이를 우리를 대신하여 죄로 삼으신 것은 우리로 하여금 그 안에서 하나님의 의가 되게 하려 하심이라 고후 5:21

우리는 하나님의 의를 가졌습니다. 의인이 되었습니다. 하나님의 자녀가 되었습니다. 이 같은 사실을 기억해야 죄악을 이길 수 있습니다. 성도에게는 이미 엄청난 무기가 주어져 있습니다. 나를 해치려는 자가 권총 한 자루를 가지고 왔을 때 내 손에는 기관총이 있다면, 얼마든지 이길 수 있지 않겠습니까?

우리의 무기는 예수의 이름입니다. 우리는 구원받은 자이기 때문에 이길 수 있습니다. 죄의 유혹에서 승리할 수 있습니다. 하나님께서는 우리의 죄를 용서하셨습니다. 이것은 죄를 이길 수 있다는 것입니다. 우리는 이미 하나님의 생명을 가졌기에 죄에게 질 수 없습니다. 하나님의 생명을 가진 자는 죄가 시시하게 여겨지고 죄를 생각하면 토할 것 같이 싫어지게 됩니다. 죄를 짓고 싶지만, 꾹 누르고만 있다면 율법입니다. 은혜는 죄를 아예 이기는 것입니다. 구원받은 자는 성령으로 죄와 싸워 승리하게 됩니다.

8절에 "네 길을 그에게서 멀리 하라 그의 집 문에도 가까이 가지 말라"고 했습니다. 즉 지혜는 "죄를 멀리하고 가까이 가지 않는 것"입니다. 지혜로 살면 죄를 멀리하고자 하는 감정과 의지가 생깁니다. 죄에 대한 승리의 비결은 결정적으로 한 번 이기는 것입니다. 한 번 이기게 되면, 두 번, 세 번 계속 승리할 수 있습니다.

우리는 삶 속에서 하나님의 거룩, 하나님의 의, 하나님의 생명을 경험해야 합니다. 죄악과 음란이 가득하고 패역한 이 세상에서 보여줄 것은 요나의 표적밖에 없습니다.마 12:3; 16:4, 눅 11:29 요나의 표적은 예수님의 돌아가심과 부활을 이야기합니다. 요나의 표적으로 승리하십시오. 사흘 만에 승리하신 예수의 이름으로 승리하십시오.

하나님의 선하심, 인자하심, 거룩하심을 맛보고 치열한 삶의 현장에서, 영적 전쟁에서 승리하십시오. 이미 능력을 주셔서 우리는 승리할 수 있습니다. 상급이 있습니다.

그러나 우리의 영이 구원받았다 할지라도 예전처럼 마음대로 생활한다면 엄청난 손해를 보는 것입니다. 하나님이 우리에게 주신 자녀의 신분은 변하지 않습니다. 주님은 우리의 과거, 현재, 미래의 죄까지도 모두 용서하셨습니다. 그러나 그 은혜를 오용해 함부로 죄를 지으면 안 됩니다. 그런 사람은 천국에는 갈지 몰라도, 일평생 사는 동안 불행해질 수 있습니다.

죄를 멀리하고 하나님을 가까이 합시다. 얼마든지 당신은 이길 수 있습니다. 주님은 당신 편입니다. 늘 당신과 함께 계십니다. 잠언 5장에서 지혜자는 "내 아들아 내 지혜에 주의하며 내 명철에 네 귀를 기울여서 근신을 지키며 네 입술로 지식을 지키도록 하라"고 하며 지혜의 승리를 이야기합니다.잠 5:1-2

잠언 5장은 왜 죄를 멀리해야 하는가에 대해 7가지로 이야기하고 있습니다.

죄는 마지막에 고통으로 끝난다
첫 번째 이유는 죄는 처음에는 달지만, 나중에는 쓰기 때문입니다. 5장의 대표적인 죄는 음란입니다.

> 대저 음녀의 입술은 꿀을 떨어뜨리며 그의 입은 기름보다 미끄러우나 나중은 쑥 같이 쓰고 두 날 가진 칼 같이 날카로우며 그의 발은 사지로 내려가며 그의 걸음은 스올로 나아가나니 그는 생명의 평탄한 길을 찾지 못하며 자기 길이 든든하지 못하여도 그것을 깨닫지 못하느니라 잠 5:3-6

음란은 처음엔 달지만, 나중엔 씁니다. 음란은 하나님의 성전이 된 자기 몸과 마음을 스스로 더럽히는 것입니다. 음란의 죄는 자기 몸에 죄를 짓는 것입니다. 간음하는 자는 하나님과 원수가 됩니다. 모든 죄는 처음에는 달콤하지만, 나중에는 엄청난 피해를 가져옵니다. "그 사람의 나중 형편이 전보다 더 심하게 되느니라" 눅 11:26는 말씀처럼 됩니다.

죄는 멸망의 길을 깨닫지 못하게 한다
죄를 멀리해야 하는 두 번째 이유는 죄가 멸망의 길을 깨닫지 못하게 하기 때문입니다. 사지로 내려가고 스올로 나아가지만, 그것을 깨닫지 못한다고 했습니다. 잠 5:5-6 죄를 멀리하지 않고 한 번 죄를 짓기 시작하면 망하는 줄도 모르고 계속 죄를 짓습니다. 나중에는 양심이 무뎌져서 죄를 짓는 것이 습관이 됩니다.

주위에 중독에 빠진 사람들을 보십시오. 술에 취하면 건강을 해치게 되고, 도박을 하면 재산을 탕진하고, 마약을 하면 패가망신하게 됩니다. 그래도 계속하는 것은 멸망의 길로 가고 있다는 것을 깨닫지 못하기 때문입니다. 잠언 4장 19절 말씀에도 악인의 길은 어둠 같아서 그가 걸려 넘어져도 그것이 무엇인지 깨닫지 못한다고 했습니다.

죄는 모든 복을 빼앗아간다

세 번째로 죄를 멀리해야 하는 이유는 '죄는 모든 것을 빼앗아가 버리기' 때문입니다.

> 네 길을 그에게서 멀리 하라 그의 집 문에도 가까이 가지 말라 두렵건대 네 존영이 남에게 잃어버리게 되며 네 수한이 잔인한 자에게 빼앗기게 될까 하노라 두렵건대 타인이 네 재물로 충족하게 되며 네 수고한 것이 외인의 집에 있게 될까 하노라 잠 5:8-10

죄에 빠지면 명예를 잃습니다. 힘써 모은 재산이 다 사라지며, 목숨까지 빼앗기게 됩니다. 모든 수고가 물거품처럼 사라지게 됩니다. 결국, 죄는 모든 것을 다 빼앗아 갑니다.

사탄의 전략은 '괜찮아. 하나님이 너의 과거, 현재, 미래의 죄를 다 용서했는데 뭐. 한 번 죄짓는 것은 괜찮아'라고 말하면서 사람을 꾀는 것입니다. 하지만 절대 그 유혹에 넘어가면 안 됩니다. 그렇게 되면 모든 것을 다 빼앗기게 됩니다. 생활의 복, 가정의 복, 재정의 복,

믿음의 복을 다 빼앗기게 됩니다. 우리에게 이미 주어진 구원의 복은 빼앗기지 않는다 하더라도 구원의 기쁨은 다 빼앗겨 불행하게 됩니다.

"도둑이 오는 것은 도둑질하고 죽이고 멸망시키려는 것뿐이요 내가 온 것은 양으로 생명을 얻게 하고 더 풍성히 얻게 하려는 것이라" 요 10:10의 말씀은 이를 분명하게 알려주고 있습니다. 생명되시는 예수님을 가까이해야지 죄를 가까이하면 안 됩니다.

죄는 후회를 만든다

네 번째로 죄를 멀리해야 하는 이유는 죄는 결국 우리를 후회하게 만들기 때문입니다. 9절에서 11절까지의 말씀에서 계속 '두렵건대, 두렵건대, 두렵건대'라는 말이 나옵니다. 그리고 11절 뒷부분에는 "마지막에 이르러 네 몸, 네 육체가 쇠약할 때에 네가 한탄하여"라고 합니다. 결국, 인생의 마지막에 가서야 돌이킬 수 없는 후회를 하는 것입니다. 인생의 마지막에 다음과 같이 후회하는 모습, 한탄하는 모습이 뒤이어 언급됩니다.

> 말하기를 내가 어찌하여 훈계를 싫어하며 내 마음이 꾸지람을 가벼이 여기고 내 선생의 목소리를 청종하지 아니하며 나를 가르치는 이에게 귀를 기울이지 아니하였던고 많은 무리들이 모인 중에서 큰 악에 빠지게 되었노라 잠 5:12-14

창세기에서 에서가 야곱에게 장자의 명분을 팥죽 한 그릇에 팔고 얼마나 후회했습니까? 에서는 후회하며 눈물을 흘렸습니다. 회개하며 눈물을 흘린 것이 아니라 후회하며 눈물을 흘렸습니다. 그러나 때는 이미 너무 늦었습니다.

나이 들고 병들고 아무것도 없을 때, 그때 가서야 후회하면 무엇합니까. 이미 너무 늦은 것입니다. '젊었을 때 내가 똑바로 살 것을…. 하나님이 주신 시간, 재능, 재물을 주를 위해 쓸 것을…. 이 한 목숨 주를 위하여 살 것을….'

우리가 100년을 살아봤자 36,500일입니다. 한평생의 짧은 시간 동안 살면서 끝에 가서 후회하는 인생이 되지 맙시다. "나는 선한 싸움을 싸우고 나의 달려갈 길을 마치고 믿음을 지켰으니"딤후 4:7의 말씀을 기억합시다. 인생을 살면서 선한 싸움에서 승리한다면, 후에 의로운 면류관이 우리를 기다리고 있을 것입니다.

후회하는 인생이 아니라, 승리하는 인생, 감사하는 인생을 사시기 바랍니다.

죄는 만족을 느끼지 못하게 한다

죄를 멀리해야 하는 다섯 번째 이유는 죄에는 만족이 없기 때문입니다.

너는 네 우물에서 물을 마시며 네 샘에서 흐르는 물을 마시라 어찌하여 네 샘물을 집 밖으로 넘치게 하며 네 도랑물을 거리로 흘러가게 하겠느냐 그 물이 네게만 있게 하고 타인과 더불어 그것을 나누지 말라 네 샘으로 복되게 하라 네가 젊어서 취한 아내를 즐거워하라 그는 사랑스러운 암사슴 같고 아름다운 암노루 같으니 너는 그의 품을 항상 족하게 여기며 그의 사랑을 항상 연모하

라 내 아들아 어찌하여 음녀를 연모하겠으며 어찌하여 이방 계집의 가슴을 안겠느냐"잠 5:15-20

이 말씀을 통해 부부간에도 서로 만족해야 한다는 것을 깨닫게 됩니다. 부부간에 서로 만족하지 못하면 다른 어떤 것에서 만족을 찾도록 죄가 유혹합니다. 그러나 죄는 더욱 허망함과 괴로움을 가져다 줄 뿐입니다. 죄의 성향은 우리가 무엇이든지 만족하지 못하게 합니다. 돈으로, 세상 향락으로 채워보려 하지만 결코 채워지지 않습니다.

주어진 삶에서 만족하는 것이 지혜입니다. 지금의 삶에 만족하고 감사합시다. 우리의 만족은 세상에 있는 것도 아니고, 스스로 있는 것도 아닙니다. "우리의 만족은 오직 하나님으로부터 나느니라"고후 3:5의 말씀처럼 진정한 만족은 하나님에게서 옵니다. 말씀으로 만족하고, 성령으로 만족하십시오.

죄는 하나님을 의식하지 못하게 한다

여섯 번째로 죄를 멀리해야 하는 이유는 죄는 하나님을 의식하지 못하게 하기 때문입니다.

본문에서 행복의 비결에 대해 "대저 사람의 길은 여호와의 눈 앞에 있나니"잠 5:21라고 했습니다. 죄를 가까이하는 것은 하나님의 눈을 의식하지 않고 하나님을 멀리 떠나는 것입니다. 시편 94편 9절 말씀에서는 "귀를 지으신 이가 듣지 아니하시랴 눈을 만드신 이가 보지 아니하시랴"고 말하고 있습니다.

하나님이 나를 항상 보고 계신 것을 깨닫고 죄를 멀리합시다. 하나님께서는 죄를 멀리하는 자의 모든 길을 형통하게 인도해 주십니다.

죄는 마음을 혼미하게 한다

마지막 일곱 번째로 죄를 멀리해야 하는 이유는, 죄는 우리를 혼미함에 빠지게 하기 때문입니다.

> 그는 훈계를 받지 아니함으로 말미암아 죽겠고 심히 미련함으로 말미암아 혼미하게 되느니라 잠 5:23

혼미한 사람을 가리켜 "연기 먹은 소" 같다고 합니다. 소 한 마리가 외양간에 있습니다. 갑자기 외양간에 불이 붙었습니다. 삽시간에 연기가 자욱해진 외양간 안에서 연기를 잔뜩 마신 소는 바로 앞의 출구도 찾지 못하고 이 벽 저 벽에 머리를 부딪히다가 결국 질식해 버리고 맙니다. 이처럼 죄는 우리를 '연기 먹은 소'와 같이 만들어 혼미케 합니다.

고린도후서 4장 4절에 이 세상의 신이 우리의 마음을 혼미하게 만든다고 했습니다. 모든 죄의 배후에는 이 세상 임금, 사탄이 도사리고 있습니다. 죄를 멀리해야 합니다.

지혜는 죄를 멀리하는 것입니다.

미련한 자는 죄를 짓는 것을 가볍게 여깁니다. 잠 14:9 물을 마시듯이 쉽게 죄를 짓습니다. 욥 15:16 죄에는 분명 심판이 따르는데도 불구하고 죄에 대한 형벌이 당장에 임하지 않으므로 담대하게 악을 행합니다. 전 8:11 참으로 어리석은 자입니다.

성도는 죄를 멀리해야 합니다. 성도는 얼마든지 죄를 이겨낼 능력이 있다는 것을 기억하십시오. 구원받은 성도는 하나님 앞에 의인입니다. 죄를 이기십시오.

잠언 6장

지혜는
삶입니다

언제나 주와 함께

모든 일에는 기술이 필요합니다. 삶을 살아가는데도 기술이 필요합니다. "지혜"가 곧 삶의 기술입니다.

> 내 아들아 네 아비의 명령을 지키며 네 어미의 법을 떠나지 말고 그것을 항상 네 마음에 새기며 네 목에 매라 그것이 네가 다닐 때에 너를 인도하며 네가 잘 때에 너를 보호하며 네가 깰 때에 너와 더불어 말하리니 대저 명령은 등불이요 법은 빛이요 훈계의 책망은 곧 생명의 길이라 잠 6:20-23

이 말씀을 통해 잠언 기자는 매 순간 지혜와 더불어 살아가라고 강조하고 있습니다. 다닐 때도, 잠을 잘 때도, 깨어 일어날 때도 항상 지혜와 함께 해야 한다고 당부합니다.

이는 지혜 되시는 예수님과 동행하는 삶을 말합니다. 다닐 때도 예수님과 교제하고, 잠을 자면서도 예수님을 생각하고, 깨어 일어나면서 가장 먼저 예수님을 찾는 삶이 바로 지혜자의 삶입니다.

20절에 "지키고, 떠나지 말고, 마음 판에 새기고, 목에 걸라"는 것은 내 몸의 지체인 것처럼, 일거수일투족 모든 것을 지혜와 더불어 살아가라는 것입니다. 말을 할 때나 다른 사람의 말을 들을 때나, 길을 갈 때나 사람을 만날 때나, 먹을 때나 마실 때나, 한순간도 주님과 떨어지지 말라는 것입니다. 주님과 항상 동행할 때에 모든 길을 주님이 인도해 주시고 보호해 주시는 은혜를 누리게 됩니다.

이런 삶을 살기 위해, 지혜자는 말씀을 명령으로, 법으로, 교훈의 책망으로 받아야 합니다. 그때 말씀이 일상의 삶에서 등불이 되고 빛이 되어 생명의 길로 인도합니다.

함부로 보증하지 말라

삶 속에 지혜가 나타나는 자는 다음과 같이 살아야 합니다.

첫째는 함부로 보증을 하지 말라는 것입니다. 1절에서 5절에 보면, "내 아들아 네가 만일 이웃을 위하여 담보하며 타인을 위하여 보증하였으면 네 입의 말로 네가 얽혔으며 네 입의 말로 인하여 잡히게 되었느니라"잠 6:1-2고 말하고 있습니다. 보증을 서면 어려움을 겪게 된다는 것입니다. 함부로 보증을 서지 마십시오. 만일 보증을 해주려면 책임을 아예 지십시오. 1,000만 원을 보증한다면 1,000만 원을 주겠다는 생각을 하고 보증하라는 것입니다. 그렇지 않으면, 돈도 잃고 사람도 잃게 됩니다. 잠언 11장 15절에 보면 보증하면 손해가 온다고 했습니다. 그 때문에 만일 보증을 서고자 한다면, '손해도 감수하겠다'는 생각을 하고 보증을 서십시오.

게으르지 말라

두 번째는 6절에서 11절까지의 말씀인데 "게으르지 말라"는 것입니다.

이 말씀을 삶 속에서 적용하십시오. 6절에 "게으른 자여 개미에게 가서 그가 하는 것을 보고 지혜를 얻으라"고 했습니다. 개미에게도 지혜를 얻는다는 것은 일상의 모든 것에서 지혜를 얻을 수 있다는 것을 의미합니다.

저는 한때 쓰레기통을 보면서도 회개한 경험이 있습니다. 마치 내 안에 있는 죄가 더럽고 냄새나는 쓰레기 같이 느껴져 눈물로 회개하며 마음을 새롭게 했었습니다. 개미 하나를 보더라도 거기서 성실함을 배울 수 있습니다.

로마서 12장 11절 말씀에 "부지런하여 게으르지 말고 열심을 품고 주를 섬기라"고 했습니다. 예수님이 얼마나 부지런하셨습니까? 식사하실 겨를도 없었습니다. 요한복음 5장 17절 말씀에 보면 예수님은 "내 아버지께서 이제까지 일하시니 나도 일한다"고 하십니다. 성부, 성자, 성령 하나님은 부지런하시고, 성실하십니다. 지금도 우리를 위하여, 교회를 위하여, 열방의 영혼들을 위하여 쉬지 않고 일하고 계십니다. 졸지도 않으시고 주무시지도 않으신다는 것은 하나님의 성실함을 말하는 것입니다.

구부러진 말을 하지 말라

세 번째는 "구부러진 말을 하지 말라"는 것입니다.

12절에서 15절까지의 말씀을 보면, "불량하고 악한 자는 구부러진 말을 하고 다니며, 눈짓을 하고, 발로 뜻을 보이고, 손가락질하고, 마음에 패역을 품고 다투다가 갑자기 재앙이 내려 낭장에 멸망하여 살 길이 없게 된다"잠 6:13-15고 합니다. 결국, 구제 불능의 상태, 회복 불능의 상태까지 가게 됩니다. 왜 그렇습니까? 바로 구부러진 말 때문입니다.

불조심도 해야 하지만, 말조심도 해야 합니다. 어느 날 갑자기 망하고 싶다면 함부로 말하고 다니십시오. 이 말, 저 말, 쓸데없는 말, 불필요한 말, 남을 험담하는 말, 말도 되지 않는 거짓말을 하고 돌아다니면, 어느 순간에 갑자기 망하는 될지도 모릅니다. 항상 마음속에 좋은 말을 담고 사십시오.

잠언 12장 18절 말씀에서도 "칼로 찌름 같이 함부로 말하는 자가 있거니와 지혜로운 자의 혀는 양약과 같으니라"고 했습니다. 사람들에게 축복하는 말을 하십시오.

죄를 미워하라

네 번째는 "하나님이 미워하는 죄를 멀리하라"는 것입니다.

> 여호와께서 미워하시는 것 곧 그의 마음에 싫어하시는 것이 예닐곱가지이니 잠 6:16

우리는 하나님이 미워하는 것을 미워해야 하며 하나님이 싫어하는 것을 싫어해야 합니다. 17절에서 19절까지 보면 하나님께서 미워하시는 것 일곱가지가 나옵니다.

곧 교만한 눈과 거짓된 혀와 무죄한 자의 피를 흘리는 손과 악한
계교를 꾀하는 마음과 빨리 악으로 달려가는 발과 거짓을 말하는
망령된 증인과 및 형제 사이를 이간하는 자이니라 잠 6:17-19

이런 죄들이 미워지고 싫어져야 합니다. '하나님이 이것을 미워하
고 싫어하시는구나. 그렇다면 나도 미워하고 싫어해야 되겠다' 하고
생각해야 합니다. 그리고 이런 말씀을 읽을 때 거울에 비친 자신을
보는 듯 내 안의 죄를 깨달아야 하고, 하나님께서 우리의 이러한 죄
를 용서해주셨다는 사실에 다시 한번 깊은 감사를 해야 합니다. 이
같은 죄를 용서하시려고 예수님께서 십자가에서 피를 흘리셨습니
다. 그러니 매일의 삶 가운데서 발견되는 이 같은 죄들을 미워하고
물리쳐야 합니다.

디모데후서 3장 1절에서 5절에서도 많은 죄가 열거되고 있습니다.
자기를 사랑하며, 돈을 사랑하며, 자랑하며, 교만하며, 비방하며, 부
모를 거역하며, 감사하지 않으며, 거룩하지 않으며, 무정하며, 원통
함을 풀지 않으며, 모함하며, 절제하지 못하며, 사나우며, 선한 것을
좋아하지 않으며, 배신하며, 조급하며, 자만하며, 쾌락 사랑하기를 하
나님 사랑하는 것보다 더하며, 경건의 모양은 있으나 경건의 능력은
부인하니 이 같은 자들에게서 네가 돌아서라고 경계합니다. 딤후 3:1-5
이런 죄의 목록을 볼 때, 죄에 대한 하나님의 분노를 가지고 죄를 미
워하고 또 미워해야 합니다.

하나님은 의로운 재판장이심이여 매일 분노하시는 하나님이시로다
시 7:11

음란하지 말라

마지막으로 "음란하지 말라는 것"입니다.

> 이것이 너를 지켜 악한 여인에게 이방 여인의 혀로 호리는 말에 빠지지 않게 하리라 네 마음에 그의 아름다움을 탐하지 말며 그 눈꺼풀에 홀리지 말라 음녀로 말미암아 사람이 한 조각 떡만 남게 됨이며 음란한 여인은 귀한 생명을 사냥함이니라 사람이 불을 품에 품고서야 어찌 그의 옷이 타지 아니하겠으며 사람이 숯불을 밟고서야 어찌 그의 발이 데지 아니하겠느냐 잠 6:24-28

> 이것을 행하는 자는 자기의 영혼을 망하게 하며 상함과 능욕을 받고 부끄러움을 씻을 수 없게 되나니 잠 6:32-33

이 잠언의 말씀은 그 어느 때보다도 특별히 이 시대를 향해 소리 높여 외치고 있는 듯 합니다. 예전과 비교할 수 없이 음란이 생활 속에 젖어 들어 죄를 죄로 분별하지 못하는 이 시대를 향한 하나님의 엄한 경계인 듯합니다. 소돔은 음란 때문에 불로 심판을 받았습니다. 지금 이 시대는 소돔보다 더 음란합니다. 미디어와 스마트폰, SNS를 통해 자라나는 세대들이 무방비 상태로 음란한 문화에 노출되어 있습니다.

데살로니가전서 4장 3절 말씀에 "하나님의 뜻은 이것이니 너희의 거룩함이라 곧 음란을 버리고…하나님을 모르는 이방인과 같이 색욕을 따르지 말라"고 명확하게 기록되어 있습니다. 성도들은 음란한 세상 풍속을 따라가며 세상을 사랑해서는 안 됩니다.

간음한 여인들아 세상과 벗된 것이 하나님과 원수 됨을 알지 못하느냐 그런즉 누구든지 세상과 벗이 되고자 하는 자는 스스로 하나님과 원수 되는 것이니라 약 4:4

세상과 벗 되고, 세상과 짝하고, 세상을 사랑하게 되면, 결국 하나님과 원수가 됩니다. 그리스도의 신부인 성도는 세상에 살면서 주의 재림을 기다리는 정결한 처녀로서 살아야 합니다.
지혜는 삶입니다.
지혜는 머리에만 있거나 가슴에만 있어서는 안 됩니다. 우리의 삶 속에 녹아 있어야 합니다. 일상에서 주님과 동행하며 옳바른 삶으로 나타나야 합니다. 함부로 보증하지 말며, 게으르지 말며, 구부러진 말을 하지 말고, 하나님이 미워하시는 죄를 멀리하고, 음란하지 않는 것이 지혜로운 삶입니다.

잠언 7장

지혜는
유혹을 이깁니다

죄의 유혹에게 승리하기 위해

잠언 7장은 '지혜는 유혹을 이긴다'는 교훈을 주고 있습니다.

예수님께서는 "우리를 시험에 들게 하지 마옵시며 다만 악에서 구원하여 주옵소서"마 6:13라고 기도하라고 했습니다. 이 기도는 죄의 유혹에 대한 승리를 바라는 기도입니다.

히브리서 3장 13절을 보면 "오직 오늘이라 일컫는 동안에 매일 피차 권면하여 너희 중에 누구든지 죄의 유혹으로 완고하게 되지 않도록 하라"고 했습니다. 죄의 유혹에 넘어가면 죄를 짓게 되고, 죄를 한 두 번 짓게 되면 습관적인 죄를 짓게 되고 나중에는 마음이 강퍅해지고 양심이 마비되고 영혼이 파괴되는 그런 불상사를 맞게 됩니다.

21절에 여러 가지 고운 말로 유혹하며 입술로 호리는 말로 꾈 때 넘어가지 말라고 했습니다. 25절에 "네 마음이 음녀의 길로 치우치지 말며 그 길에 미혹되지 말지어다"라고 다시 이야기하고 있습니다. 5절에서 27절까지의 말씀은 한 편의 드라마를 보는 것 같습니다. 죄의 유혹에 넘어가는 한 젊은이와 음녀의 꾐에 빠져 사망의 방으로 내려가는 모습을 상세하게 기록하고 있습니다. 22절에 "젊은이가 곧 그를 따라갔으니 소가 도살장으로 끌려가는 것 같고 미련한 자가 벌을 받으려고 쇠사슬에 매이러 가는 것 같다"고 했습니다. 결국은 그 음녀의 길에 미혹되어서 스올길로 빠져들어 가고 마는 것입니다.

그러나 우리는 죄의 유혹을 이겨야 합니다. 어떻게 이길 수 있습니까? 그 해답은 '지혜'입니다. 예수님은 '지혜'입니다. 예수님의 지혜로 승리할 수 있습니다. 악하고 음란하고 패역한 세상, 말세를 사는 성도로서 지혜로 이기는 자가 되어야 합니다. 5절을 보면 "그리하면 지혜와 명철이 너를 지켜서 음녀에게, 말로 호리는 이방 여인에게 빠지지 않게 하리라"고 했습니다.

지혜로 유혹을 이기기 위해서는 세 가지가 필요합니다.

지혜를 잘 간직하라

첫 번째는 지혜를 잘 간직해야 합니다.

> 내 아들아 내 말을 지키며 내 계명을 간직하라 내 계명을 지켜 살며 내 법을 네 눈동자처럼 지키라 ^{잠 7:1-2}

'지킨다'는 것은 여러 의미가 있는데, 순종한다는 의미도 있고, 보호한다는 의미도 있고, 마지막으로 간직하라는 의미도 있습니다. 본문에서 '지키라'는 것은 '간직하라'는 뜻으로 사용되었습니다. 지혜를 내 마음에서 내어버리지 말고 말씀을 멸시하지 말고 차곡차곡 내 마음속에 간직해야 됩니다.

골로새서 3장 16절의 말씀처럼 그리스도의 말씀이 우리 마음속에 풍성하게 있을 때 우리는 말씀으로 싸워 죄의 유혹을 이길 수가 있습니다. 잠언 본문에서는 "내 눈동자처럼 지키라"고 했습니다. 원문의 뜻에서 눈동자는 눈동자 속에 한 조그마한 사람을 의미합니다. 상대방을 바라볼 때 자신의 눈동자에 그 사람이 비추어집니다. 그 사람의 작은 상이 비치는 것처럼, 지혜를 그렇게 눈동자 속에 있는 사람처럼 자신의 마음 속에 잘 간직하라는 것입니다.

세상 유혹에 말씀을 빼앗기지 않게 되길 바랍니다. 요한계시록 1장 3절 말씀에 "예언의 말씀을 읽고 듣고 지키는 자가 복이 있다"라고 했습니다. 즉 말씀을 간직하는 자가 복이 있습니다. 성경을 읽고 듣는 이유가 여기에 있습니다. 그것은 간직해서 그 지혜로 말미암아 죄의 유혹을 이기기 위한 것입니다.

지혜를 마음판에 새기라

두 번째는 지혜를 마음판에 새겨야 합니다. 마음판에 새겨야 죄의 유혹을 이길 수 있습니다. 3절에서는 "이것을 네 손가락에 매며 이것을 네 마음판에 새기라"고 하십니다. 이것은 기록하라는 것입니다. 잠언 3장 3절에도 "마음판에 새기라", 잠언 6장 21절에도 "마음에 새기라"고 했습니다. 마치 하나님께서 친히 손가락으로 돌 위에다 십계명을 새겨넣은 것처럼 말입니다.

그래서 고린도후서 3장 3절에 보면 하나님의 영으로 육의 마음판에 말씀을 새겨넣는다고 했습니다. 이것이 바로 '암송'입니다. 성경을 읽고 듣다가 은혜가 될 때는 성령께서 내 마음판에 그 말씀을 새겨주십니다. 이렇게 마음판에 새겨진 말씀은 쉽게 잊히지 않습니다. 성도는 이처럼 성령께서 새겨주신 말씀을 가지고 죄의 유혹과 힘써 싸워 승리하게 되는 것입니다. 어떤 성경 구절은 좋아서, 그것이 참 멋있어서, 그것이 참 기억할만해서, 교훈이 되어서 외우려고 해도 자꾸 잊어버리는 경우가 있습니다. 그러나 어떤 말씀은 한 번 들었는데 눈물이 나고, 감동되고, 깨닫게 되고, 회개가 되고, 이것이 마음판에 새겨지게 됩니다. 이런 말씀은 두고두고 10년, 20년이 지나가도 성령이 그 말씀을 생각나게 하시고, 우리는 그 말씀으로 위로를 받고, 환난을 이기고 시련을 이기고, 죄의 유혹을 이기게 되는 것입니다. 암송은 기억력으로만 하는 것이 아닙니다. 성령의 감동으로 마음판에 새겨진 말씀이 곧 암송입니다.

지혜를 가까이 하라

세 번째는 죄의 유혹을 이기기 위해 지혜를 가까이해야 합니다.

잠언 7장 4절에 지혜에게 너는 내 누이라 하며, 명철에게 너는 내 친족이라 하라고 이야기했습니다. 누이나 친족은 바로 무엇입니까? 혈연으로 맺어진 가족입니다. 그만큼 가까이하라는 것입니다. 한 가족처럼 지혜를 모셔야 한다는 것입니다.

여러분, 모세가 단지 지팡이 하나로 홍해를 가르고, 반석에서 샘물을 나게 하고, 기적을 일으킨 것이 아닙니다. 그는 하나님과 가까이했습니다. 출애굽기 33장 11절에 "마치 모세는 친구와 이야기함과 같이 하나님과 대면하여 이야기했다"라고 했습니다. 그것으로부터 지혜가 나오는 것이었습니다. 그것으로부터 150만 명의 이스라엘 백성들을 출애굽 시키고 광야 40년 동안 이끌 수 있는 지혜가 나온 것입니다.

아브라함도 그냥 믿음의 조상이 된 것이 아닙니다. 그는 실수도 많고 어려움도 많았지만, 야고보서 2장 23절에 보면, 아브라함이 '하나님의 벗'이라 칭함을 받았다고 했습니다. 친구같이 하나님과 동행했을 때에 그는 하나님의 음성을 듣고 거기서 지혜를 얻어 결국은 믿음의 승리자가 되었던 것입니다.

세상은 점점 악해지고 음란하고 패역해집니다. 세상의 유혹이 너무 거세게 쓰나미처럼 일어나고 있습니다. 그리스도인들은, 거듭난 하나님의 자녀들은 지혜로 유혹을 이겨야 합니다. 승리하는 자에게는 면류관이 있습니다.

지혜를 잘 간직하십시오. 마음판에 늘 새기십시오. 그리고 지혜를 가까이하십시오. 주님이 승리하도록 도우실 것입니다. 주님은 당신 편입니다.

잠언 8장

지혜는
예수 그리스도입니다

태초부터 하나님과 함께하신 예수님

예수님은 "이 성경이 곧 내게 대하여 증언하는 것이니라"^{요 5:39}고 말씀하셨습니다. 성경이 말하고 있는 지혜는 궁극적으로 예수 그리스도를 가리킵니다.^{고전 1:24}

잠언 8장에서는 특별히 지혜를 의인화하고 있습니다. 1절 말씀에서 "지혜가 부르지 아니하느냐 명철이 소리를 높이지 아니하느냐"라고 말하는 이가 바로 지혜입니다. 길가의 높은 곳과 네거리에 서서 사람들을 부르며 자기의 말을 들으라고 이야기합니다.^{잠 8:2-3} 바로 이것은 지혜자, 예수 그리스도의 애타는 소리입니다.

잠언 8장 전체가 예수님에 대한 이야기입니다. 잠언 8장을 읽는 동안 예수님을 꼭 만나시기 바랍니다. 우리는 이미 예수님을 만났지만 또 만나야 하고, 믿었지만 또 믿어야 합니다.

22절을 보면 "여호와께서 그 조화의 시작 곧 태초에 일하시기 전에 나를 가지셨으며"라고 하십니다. 여기서 '나'는 지혜이자 예수님입니다.

22절에서 29절까지의 말씀에서 예수님은 태초부터, 산과 들과 바다가 생기기 전부터 계셨다고 하십니다.

30절에 "내가 그 곁에 있어서 창조자가 되어 날마다 그의 기뻐하신 바가 되었으며 항상 그 앞에서 즐거워하였으며"라고 합니다. 예수님은 해와 달과 별, 이 모든 것을 하나님 아버지와 함께 만드신 창조자이십니다. 하나님께서는 온 우주 만물을 창조하실 때 예수님 때문에 기쁨이 있었습니다. 예수님은 창조자가 되어 날마다 하나님이 기뻐하시는 바가 되었으며 항상 하나님 앞에서 즐거워하였습니다. 우리도 하나님의 기쁨이 되어야 합니다. 예수님이 해와 달을 지으실 때 억지로 지었을까요? 기쁨으로 지으신 것과 같이 우리도 무슨 일을 할 때 기쁨으로 해야 합니다.

31절에 "사람이 거처할 땅에서 즐거워하며 인자들을 기뻐하였느니라"고 했습니다. 예수님은 사람을 만드시고 기뻐하였습니다. 하나님도 심히 좋아하셨습니다.

32절에 "아들들아 이제 내게 들으라 내 도를 지키는 자가 복이 있느니라", 34절에 "누구든지 내게 들으며 날마다 내 문 곁에 서 기다리며 문설주 옆에서 기다리는 자는 복이 있나니"라고 했습니다.

예수님의 말씀을 듣고 지키는 자는 복이 있습니다. 매일 예수님의 음성을 들으며 주님의 만남을 사모하며 기다리는 자는 복이 있습니다.

35절에 "대저 나를 얻는 자는 생명을 얻고"라고 했습니다.

예수님을 믿는 자, 지혜를 얻은 자는 하나님의 생명을 얻은 자입니다.

그 무엇과도 비교할 수 없는 주 예수

너희가 은을 받지 말고 나의 훈계를 받으며 정금보다 지식을 얻으라 대저 지혜는 진주보다 나으므로 원하는 모든 것을 이에 비교할 수 없음이니라 잠 8:10-11

은과 금보다도 진주보다도 귀한 것이 바로 지혜입니다. 예수님입니다. 예수를 믿으면 지혜를 얻습니다. 아직도 예수님보다 은과 금이 더 좋고, 진주가 더 좋고, 세상의 부귀영화가 더 좋다면 예수님을 아직 제대로 못 만난 것입니다. 수박 겉핥기식으로 만난 것입니다.

예수님은 영원하신 분이고 창조자이고, 그분은 내 기쁨의 근원이고, 복의 근원이고, 생명의 근원입니다. 예수님은 나를 위해 십자가에서 피를 흘리셨습니다. 예수님 때문에 내가 영생을 얻게 되었습니다. 이러한 예수님을 믿게 되는 것이 참 지혜를 얻는 것입니다.

바울은 예수님을 만나고 나서 자기에게 유익하던 모든 것을 해로 여기고, 예수 그리스도를 아는 지식이 가장 고상하다고 했습니다. 그래서 모든 것을 버리고 배설물로 여긴다고 했습니다. 빌 3:8 예수님에 비하면 이 세상 모든 것은 다 배설물입니다. 그 어떤 좋은 것도 다 배설물입니다. 예수님과 비교할 때 모든 것은 무가치합니다. 예수님은 절대적인 가치가 있는 분입니다. 상대적인 가치에 불과한 것을 가지고 조금 있다고 우쭐거리지 말고 조금 없다고 낙심하지 마십시오. 예수님이 최고입니다.

예수를 만난 자가 받는 은혜

예수 그리스도를 만난 자, 이 세상의 그 무엇보다도 예수님을 최고라고 믿는 자는 크게 세 가지 은혜를 받게 됩니다.

첫 번째, 마음이 밝아집니다.

5절 말씀을 보면 "어리석은 자들아 너희는 명철할지니라 미련한 자들아 너희는 마음이 밝을지니라"고 했습니다. 지혜가 길거리에서, 모퉁이에서 소리칩니다. "들으라 들으라" 하면서 "어리석은 자들아 명철하라 마음이 밝을지니라"고 외칩니다. 명철은 마음이 밝은 것입니다. 창세기를 보면, 뱀이 하와에게 선악과를 먹으면 눈이 밝아질 것이라고 말했습니다.창 3:5 이것은 거짓말이었습니다. 선악과를 먹어서 눈이 밝아진 것 같지만, 사실은 마음의 눈이 어두워졌습니다. 마음이 어두워지면 아무것도 모르게 됩니다. 무지해집니다.

고린도후서 4장 6절에 예수 그리스도의 얼굴에 있는 하나님을 아는 영광의 그 빛이 우리 마음에 비친다고 했습니다. 빛이 임하면 예수님을 알게 됩니다. 나를 위해 십자가에 피 흘려 돌아가신 예수님을 믿게 됩니다. 예수님이 사흘 만에 부활하셔서 나의 생명의 구주가 되심을 믿게 됩니다. 믿음의 눈이 밝아져 천국을 바라보게 되고 주님을 바라보게 됩니다. 에베소서 1장 18절에 마음의 눈이 밝아지면 그 부르심의 소망이 무엇이며 성도가 받는 상급의 영광의 풍성함이 무엇이며 믿는 우리에게 베푸신 능력이 얼마나 큰 것인가를 깨닫게 됩니다.

마음의 눈이 밝아지게 되기를 바랍니다. 마음이 밝아지면 기쁘고 즐겁습니다.

두 번째, 악을 미워하게 됩니다.

13절 말씀에 "여호와를 경외하는 것은 악을 미워하는 것이라 나는 교만과 거만과 악한 행실과 패역한 입을 미워하느니라"고 했습니다.

여호와를 경외하는 것이 지혜입니다. 잠언 9장 10절에 "여호와를 경외하는 것이 지혜의 근본이요"라고 했습니다. 예수님을 믿는 자는 지혜를 얻은 자요, 그 지혜를 얻은 자는 악을 미워하게 됩니다.

악을 좋아하지 않기를 바랍니다. 즐기지 않게 되기를 바랍니다. _{고전 10:6} 악에서 떠나야 합니다. 악을 좋아하는 사람은 아직 예수님을 만나지 못한 사람입니다. 세상의 악을 사랑하고 주님에 대해서는 무관심하다면 잘못된 것입니다. 시편 97편 10절에 "여호와를 사랑하는 너희여 악을 미워하라"고 했습니다. 욥기 1장 1절에 "욥은 온전하고 정직하여 하나님을 경외하며 악에서 떠난 자"라고 했습니다. 악을 증오해야 합니다. 악에서 떠나고 선에 속해야 합니다.

세 번째, 능력을 소유하게 됩니다.

마음이 밝고 악을 미워하는 것 자체가 능력입니다. 13절 말씀에서 악을 미워하는 것에 대해 이야기한 뒤, 14절 말씀에서는 "내게는 계략과 참 지식이 있으며 나는 명철이라 내게 능력이 있으므로"라고 했습니다.

예수님에게는 능력이 있습니다. 창조의 능력이 있습니다. 구원하는 능력이 있습니다. 치유의 능력이 있습니다. 풍랑을 잔잔하게 하는 능력이 있습니다. 물을 포도주로 바꾸는 능력이 있습니다. 죽은 자를 살리는 능력이 있습니다. 예수님을 믿으십시오. 예수님의 능력이 당신의 것이 됩니다.

고린도전서 1장 24절에 보면 "그리스도는 하나님의 능력이요 하나님의 지혜니라"고 했습니다. 지혜는 능력입니다. 지혜 있는 자는 '할 수 있는 자'입니다. 예수를 믿기 전에는 모두가 어리석은 자였습니다. 그러나 이제는 지혜로운 자입니다. 예수를 믿는 자는 의인이요 지혜자요 능력자입니다. 성도가 능력자라는 말은 잘 들어보지 못해서 낯설 수도 있습니다. 그러나 예수를 믿는 자는 누구나 의인이요, 하나님의 자녀요, 지혜자요, 능력자입니다. 잠언을 묵상하면서 "나는 지혜롭지 못하구나, 명철하지 못하구나, 능력이 없구나"라는 생각을 할 수 있습니다. 그러나 예수님 안에서 잠언서를 묵상하면 예수를 믿는 자는 이미 지혜자요 능력자인 것을 깨닫게 됩니다. 잠언 8장은 복음입니다.

예수님을 사랑하고, 예수님을 간절히 찾으라

그렇다면 실제로 잠언 8장에서 가장 중요한 것이 무엇일까요?

> 나를 사랑하는 자들이 나의 사랑을 입으며 나를 간절히 찾는 자가 나를 만날 것이니라 잠 8:17

이 말씀에서 '나'는 누구를 가리킵니까? 지혜가 되시는 예수님입니다. 예수님을 사랑하는 자가 예수님의 사랑을 받는다고 했습니다.

이것은 사랑하면 사랑을 해 주겠다는 조건부의 사랑을 말하는 것이 아닙니다. 예수님은 이미 십자가에서 더 할 수 없는 완전한 사랑을 주셨습니다. 마음을 다해, 목숨을 다해, 힘을 다해, 뜻을 다해, 우리를 사랑했습니다. 그러나 주님이 이렇게 우리를 사랑한다 해도, 우리가 주님을 사랑하지 않으면 주님의 사랑이 우리의 것이 될 수 없습니다.

예수님을 사랑할 때 예수님의 사랑을 입을 것입니다. 우리도 모든 것을 다해 예수님을 사랑합시다.

에베소서 6장 24절에 "우리 주 예수 그리스도를 변함없이 사랑하는 모든 자에게 은혜가 있을지어다"라고 했습니다. 변함없이 예수님을 사랑하십시오.

요한복음 21장 15절에서 17절까지의 말씀을 보면, 예수님께서 세 번이나 베드로에게 '네가 나를 사랑하느냐'라고 물어보십니다. 이 말씀은 '나는 너를 사랑하는데, 너는 나를 사랑하느냐' 하고 물어보시는 것입니다.

잠언 8장 17절 하반 절에 "나를 간절히 찾는 자가 나를 만날 것이니라"고 했습니다. 이 말씀도 마찬가지입니다. 간절히 찾아야 만나주신다는 조건부가 아니라 이미 함께하고 계신 주님을 찾지 않으면 만나지 못한다는 말입니다. 히브리어 원문에 보면, '간절히'라는 단어는 '새벽'이라는 뜻을 담고 있습니다. 이른 아침부터 일어나 지혜를 간절히, 주님을 간절히 찾으십시오. 그러면 이미 나를 만나주고 계신 주님을 깨닫게 될 것입니다.

기억하십시오. 주님을 사랑하는 자가 주님의 사랑을 입으며, 주님을 간절히 찾는 자가 주님을 만납니다.

하나님의 보너스

참으로 놀라운 은혜입니다. 성경에서는 '지혜가 제일이다, 예수님이 제일이다'라고 말하고 있지만, 막상 우리가 지혜를 얻게 되고 예수님을 알게 되면 하나님은 꼭 보너스를 주십니다. 재물이 이에 해당합니다.

아이러니합니다. 하나님은 재물을 사랑하면 재물을 거두어 가시는데, 하나님을 사랑하면 재물을 더하여 주십니다.

솔로몬을 보십시오. 그가 지혜를 구했을 때, 하나님은 구하지 않았던 재물도 겸하여 주셨습니다. 이처럼 우리가 "예수님이 최고다!" 하면 구하지 않는 것까지 다 주십니다. 아래 구절을 보시면 이는 더 명확해집니다.

> 부귀가 내게 있고 장구한 재물과 공의도 그러하니라 내 열매는 금이나 정금보다 나으며 내 소득은 순은보다 나으니라 나는 정의로운 길로 행하며 공의로운 길 가운데로 다니나니 이는 나를 사랑하는 자가 재물을 얻어서 그 곳간에 채우게 하려 함이니라 잠 8:18-21

이 얼마나 감사한 일입니까? 주님을 사랑하고, 주님을 만나니 하나님이 재물까지 더불어 주십니다. 고린도후서 8장 9절 말씀에 "우리 주 예수 그리스도의 은혜를 너희가 알거니와 부요하신 이로서 너희를 위하여 가난하게 되심은 그의 가난함으로 말미암아 너희를 부요하게 하려 하심이라"고 했습니다. 예수님은 우리를 부요하게 하십니다.

잠언 8장 말씀을 통해 지혜는 예수 그리스도이심을 알게 되었습니다.

예수님으로 인해 마음이 밝아지고, 악을 미워하게 되고 능력있게 살게 됩니다.

우리는 예수님을 사랑하고 간절히 찾아야 합니다.

주님의 사랑을 입고 주님을 만날 때 우리는 주님의 영광을 위해 쓰임 받고, 영권, 인권, 물권을 받게 될 것입니다.

잠언 9장

지혜는
분별하는 것입니다

두 초청

우리는 잠언 말씀을 통해 지혜에 대한 교훈을 얻고 있습니다.

9장 말씀에서는 "지혜는 분별하는 것이다"라고 말하고 있습니다.

지혜가 있다는 것은, 보는 것을 그대로 보지 않고 잘 헤아려서 보고, 내 귀에 들리는 것도 그대로 듣지 않고 잘 분별해서 듣는 것입니다. 내 마음에 떠오르는 생각도 잘 분별해야 합니다. 육신의 생각인지 아니면 영의 생각인지 신중하게 헤아려서 하나님의 뜻을 분별하는 것이 지혜입니다.

본문 말씀에 보면 두 가지 초청이 있습니다. 지혜자의 초청이 있고, 미련한 여자의 초청이 있습니다. 그런데 그 내용은 비슷하지만, 결과는 엄청나게 다릅니다.

먼저 지혜자의 초청을 보십시오.

1절 말씀을 보면 지혜자가 그의 집을 짓고 일곱 기둥을 다듬습니다. 지혜자는 예수님입니다. 예수님이 집을 짓습니다. 반석 위에 교회를 세우고 기둥을 세웁니다. 디모데전서 3장 15절 말씀에 "이 집은 살아계신 하나님의 교회요 진리의 기둥과 터니라"고 했습니다.

2절에 짐승을 잡으며 포도주를 혼합하여 상을 갖추었다고 했습니다. 이는 쉽게 표현하면 한 상 차리는 것입니다. 교회는 잔치하는 곳입니다.

3절에 자기의 충성스러운 여종을 보내어 성읍 중 높은 곳에 올라가서 초청을 하게 합니다. 이처럼 교회는 세상을 향해 복음을 전하며 초청합니다.

지혜자가 초청하는 내용을 보겠습니다.

> 어리석은 자는 이리로 돌이키라 또 지혜 없는 자에게 이르기를 너는 와서 내 식물을 먹으며 내 혼합한 포도주를 마시고 어리석음을 버리고 생명을 얻으라 명철의 길을 행하라 하느니라 잠 9:4-6

어리석은 자는 이리로 돌이키라고 하며, 지혜 없는 자에게는 지혜를 얻으라, 생명을 얻으라, 명철의 길을 행하라고 합니다.

그런데 13절에서 17절까지의 말씀에 보면 또 다른 사람의 초청이 있습니다. 바로 미련한 여자의 초청입니다.

13절에 "미련한 여인이 떠들며 어리석어서 아무것도 알지 못하고"라고 했습니다. 그 미련한 여인이 사람들을 초청합니다. 여기서 미련한 여인은 바로 '세상'입니다. 세상은 잘난 체하지만 사실은 어리석은 것이고 사라지는 것입니다. 지혜로운 것 같지만 교만하여 아무것도 알지 못합니다. 미련한 여인은 자기 집 문에 앉으며 성읍 높은 곳에 있는 자리에 앉아서 자기 길을 바로 가는 행인들을 불러 지혜로운 자와 똑같이 초청합니다. 잠 9:14-15

어리석은 자는 이리로 돌이키라 또 지혜 없는 자에게 이르기를
도둑질한 물이 달고 몰래 먹는 떡이 맛이 있다 하는도다 잠 9:16-17

"어리석은 자는 이리로 돌이키라 또 지혜 없는 자에게 이르기를"이라고 합니다. 즉 예수님과 세상이 똑같이 초청하고 있습니다.

지혜자는 "어리석은 자는 이리로 돌이키라"고 하며, 또 지혜 없는 자에게 이르기를 "너는 와서 내 식물을 먹으며 내 혼합한 포도주를 마시라"고 했습니다. '먹고 마시게' 하여 지혜를 얻게 하려는 것입니다.

그런데 미련한 여인도 똑같이 '먹고 마시라'고 합니다. 17절에서 "도둑질한 물이 달고 몰래 먹는 떡이 맛이 있다 하는도다"라고 했습니다. 미련한 자의 초청도 역시 먹고 마시는 것입니다. 세상은 다 거짓이고 속이는 것입니다. 거기에 지혜가 있고 행복이 있는 것 같지만 사실은 죄와 사망이 있을 뿐입니다.

세상과 교회 모두 사랑을 이야기하고, 진리를 이야기하고, 행복을 이야기합니다. 그러나 이 둘은 전혀 다릅니다. 그래서 우리는 지혜를 이용하여 분별해야 합니다.

예수님은 오늘 교회를 세우시고 잔치를 벌이고, 세계 곳곳에 제자들을 보내어 "주 예수를 믿으라 그리하면 너와 네 집이 구원을 얻으리라"고 말씀하고 계십니다. 특별히 먹고 마실 수 있도록 떡과 포도주를 준비하십니다. 예수님은 친히 마련하신 떡을 떼어 주시면서, 잔에 포도주를 부어 주시면서, "내 살은 참된 양식이요 내 피는 참된 음료로다" 요 6:5라고 말씀하십니다.

지혜를 따르면 생명을 얻는다

지혜는 분별입니다.

예수님의 음성에 귀를 기울일 것인가 세상의 소리에 귀를 기울일 것인가를 분별하는 것입니다. 주님의 음성에 귀를 기울이는 자에게는 3가지 유익이 있습니다.

> 나 지혜로 말미암아 네 날이 많아질 것이요 네 생명의 해가 네게 더하리라 네가 만일 지혜로우면 그 지혜가 네게 유익할 것이나 네가 만일 거만하면 너 홀로 해를 당하리라 잠 9:11-12

첫 번째, 생명을 얻게 됩니다.

6절에 "어리석음을 버리고 생명을 얻으라 명철의 길을 행하라 하느니라"고 했습니다.

> 지혜는 그 얻은 자에게 생명 나무라 지혜를 가진 자는 복되도다 잠 3:18

> 하나님이 세상을 이처럼 사랑하사 독생자를 주셨으니 이는 그를 믿는 자마다 멸망하지 않고 영생을 얻게 하려 하심이라 요 3:16

예수님을 따르고, 하나님을 믿는 자는 생명을 얻습니다. 지혜를 얻어 생명의 복을 받습니다. 죄가 사해지고, 죽음의 문제가 해결되고, 영원한 천국에 들어가게 됩니다.

그러나 미련한 자의 초청, 세상의 유혹에 넘어가는 자는 그 마지막이 어떻게 됩니까? 18절에 "오직 그 어리석은 자는 죽은 자들이 거기 있는 것과 그의 객들이 스올 깊은 곳에 있는 것을 알지 못하느니라"고 했습니다. 세상을 분별없이 따라가다가 결국 마지막에는 멸망에 이르게 됩니다.

지혜를 따르면 책망을 겸손히 받아들인다

두 번째, 책망을 겸손히 받아들이게 됩니다.

> 거만한 자를 징계하는 자는 도리어 능욕을 받고 악인을 책망하는 자는 도리어 흠이 잡히느니라 거만한 자를 책망하지 말라 그가 너를 미워할까 두려우니라 지혜 있는 자를 책망하라 그가 너를 사랑하리라 잠 9:7-9

악인은 교만해서 책망을 싫어합니다. 오히려 책망하는 자를 미워하고 배척합니다. 잠언 15장 12절에서도 "거만한 자는 견책 받기를 좋아하지 아니하며"라고 했습니다.

그러나 겸손한 자는 책망을 달게 받습니다. 책망을 사랑으로 받아들입니다. 잠언 27장 5절에 "면책은 숨은 사랑보다 나으니라"고 했습니다. 면책은 바로 얼굴 앞에서 책임을 묻고 책망하는 것입니다. 부모가 책망할 때, 선생님이 책망할 때, 어른이 책망할 때, 겸허히 받아들여야 합니다.

책망을 들을 때, 자신의 인격이 손상되었다고 생각하지 마십시오. 예수님을 기억하십시오. 예수님은 죄 없으신 하나님의 아들이심에도 불구하고 십자가에서 벌거벗긴 몸으로 우리를 위해 피를 흘리셨습니다. 부끄러움도 개의치 아니하시고 십자가로 승리하셨습니다.

내가 책망당해서 부끄럽다고, 인격과 자존심이 상했다고 생각하지 마십시오. 책망받을 때 겸손히 순종하는 것이 지혜입니다.

지혜를 따르면 하나님을 경외하게 된다

세 번째, 하나님을 경외하게 됩니다.

10절에 "여호와를 경외하는 것이 지혜의 근본이요 거룩하신 자를 아는 것이 명철이니라"고 했습니다.

세상을 따라가다 보면, 하나님을 사랑하는 마음이 없어집니다. 주님을 위해 일하고 싶은 마음이 사라집니다. 일주일 내내 세상에 푹 젖어 살다 보면, 기도도 하기 싫고 성경도 읽기 싫어집니다. 충성하고 싶다는 생각도 들지 않고, 하나님을 예배하고 경외하는 삶에서 점점 멀어집니다.

그러나 지혜로운 자는 '하나님 중심, 말씀 중심, 교회 중심으로 살아야지' 하면서 날이 갈수록 하나님을 경외하게 됩니다. '주님을 위해, 복음을 위해 살고 싶다. 나를 내려놓고 하나님 아버지의 마음을 갖고 살고 싶다'라고 생각하게 됩니다. 불타는 마음으로 하나님을 사랑하는 일에 몰두하게 됩니다.

"여호와를 경외하는 것이 지혜의 근본이라"는 말은 족장 시대에 살았던 욥도 이야기했습니다. 욥은 고난 가운데에서도 "주를 경외함이 지혜요 악을 떠남이 명철이니라"욥 28:28고 말했습니다. 욥이 말할 수 없는 고난 가운데 승리했던 비결이 여기에 있습니다. 마귀의 시험에서도, 역경 속에서도 하나님을 경외하는 지혜로 승리했습니다.

어떤 상황 가운데에서도 하나님을 경외하기를 바랍니다. 하나님이 원하시는 것이 무엇인가를 바로 알고 지혜로운 자의 길을 걸어가야 합니다.

지혜는 분별하는 것입니다.
세상의 초청이 아닌 주님의 초청에 응하십시오.
주님을 따르는 것인지 세상을 따르는 것인지 분별하십시오.
지혜를 따르면 반드시 유익이 있습니다.
생명을 얻게 됩니다.
책망을 겸손히 받아들이게 됩니다.
하나님을 경외하게 됩니다.

잠언 10장

지혜가
의인의 삶을 살게 합니다

의인과 악인

잠언 2장 20절에 보면 "지혜가 너를 선한 자의 길로 행하게 하며 또 의인의 길을 지키게 하리니"라는 말씀이 있습니다. 지혜가 의인의 삶을 살게 한다는 것을 의미합니다.

지혜자는 곧 의인입니다. 또 의인은 곧 지혜자입니다. 예수님은 지혜자요, 의인이셨습니다. 십자가 부활을 통해서 우리로 하여금 의인이 되게 하시고, 우리를 반석 위에 집을 세우는 지혜로운 자 같이 해주셨습니다. 이처럼 예수를 믿는 우리가 의인이라면 지혜로운 자의 삶을 살아야 하고, 우리가 지혜자라면 의인답게 살아야 합니다.

잠언에서 가장 많이 대조되며 등장하는 단어가 의인과 악인입니다. 그리고 지혜, 명철과 어리석음, 미련함입니다. 이것은 잠언 1장에서 31장까지 끊임없이 반복되고 대조됩니다. 따라서 지혜자는 의인이요, 미련하고 어리석은 자는 악인인 것을 우리가 알 수 있습니다.

잠언의 똑같은 상황 가운데에서도 지혜자도 기뻐하고 악인도 기뻐합니다. 그러나 그 마지막은 다릅니다. 각각 생명과 멸망의 길로 가게 됩니다. 겉으로 보기엔 의인과 악인 모두 그 생명이 짧을 수도 있고, 길 수도 있습니다. 심지어 악인이 장수할 수도 있습니다. 그래서 겉으로 드러난 것만 보면 의인인지 악인인지 헷갈릴 수 있습니다. 그래서 우리는 기준을 분명히 하고 의인의 삶인지, 악인의 삶인지 구분해서 보아야 합니다.

결국, 생명의 길이에 상관없이 잠언 2장 20절의 말씀처럼 지혜는 선한 자의 길을 가게 하고 의로운 자의 길을 가게 한다는 것을 기억하십시오. 여러분도 선한 자의 발걸음을 따라 걸으십시오. 의인의 발걸음, 주의 발자취를 따라 걸으십시오.

이를 위해서 주님은 우리에게 지혜와 분별력을 주셔서 의인과 악인의 삶을 구별하여 그 길을 가게 하십니다. 악인은 겨와 같이 망하지만, 의인의 길은 하나님이 인정하십니다.[시 1:4-6] 어쩌면 이것이 시편의 결론일 것입니다. 잠언 본문 말씀에도 이 의인이라는 말이 많이 나오는데, 이 의인의 머리에는 복이 임합니다. 지혜자에게 복이 임하는 것처럼 말입니다.

복된 입술

본문 말씀 6절에 "의인의 머리에는 복이 임하나 악인의 입은 독을 머금었느니라"라고 하였습니다. 우리도 독을 품고 살지 말고, 의인의 복이 임하는 삶을 살아야 합니다.

지혜는 의인의 길을 가게 합니다. 지혜는 의로운 자의 삶, 즉 복된 삶을 살게 합니다. 그런데 의인에게는 무슨 복이 임할까요? 본문 말씀에서 세 가지를 찾아 요약할 수 있습니다.

첫 번째는 '복된 입술'입니다.

의인의 삶은 의인의 말을 해야 합니다. 지혜자의 삶은 지혜로운 자의 말을 해야 할 줄로 믿습니다.

11절 말씀에서는 "의인의 입은 생명의 샘이라도 악인의 입은 독을 머금었느니라"라고 했습니다. 6절에 나오는 말과 같은 말입니다. 입술은 생명입니다. 말 때문에 우리도 살고, 말 때문에 다른 사람도 살릴 수 있습니다.

하지만 악인의 입에서는 독이 나옵니다. 시기, 다툼, 거짓말 등이 나옵니다. 독이 아니라 남을 살리는 말이 입에서 나와야 합니다. 그렇다면 어떻게 해야 입에서 의인의 말이 나옵니까?

> 의인의 혀는 순은과 같거니와 악인의 마음은 가치가 적으니라 의인의 입술은 여러 사람을 교육하나 미련한 자는 지식이 없어 죽느니라 잠 10:20-21

바로 마음의 문제이고 지식의 문제입니다. 마음이 미련하니까 독을 품고 독을 쏟고 내뱉는 것입니다. 그 마음의 가치는 아주 적습니다. 그러나 의인은 여러 사람을 교육하는 생명의 샘입니다.

> 의인의 입은 지혜를 내어도 패역한 혀는 베임을 당할 것이니라 의인의 입술은 기쁘게 할 것을 알거늘 악인의 입은 패역을 말하느니라 잠 10:31-32

본문 말미에도 악인의 입에서 나오는 말에 대해 쓰여 있습니다. 패역은 쉽게 이야기하면 삐뚤어진 것입니다. 악인은 항상 삐뚤어지고 구부러지고 부정적인 말을 하는 것입니다.

그러나 의인은 자신의 이야기를 통해 이 사람이 '살 것인가, 죽을 것인가, 흥할 것인가, 망할 것인가, 유익이 될 것인가, 해가 될 것인가, 상대의 기분이 좋아질 것인가, 나빠질 것인가?'를 생각하고 지혜롭게 말합니다. 이처럼 의인의 입술은 복된 것입니다.

그것을 실제로 적용하기 위해서 지혜로운 자는 말을 적게 합니다. 우리가 모두 돈 아끼는 것보다도 말을 아끼게 되기를 바랍니다. 19절 말씀을 보면 "말이 많으면 허물을 면하기 어려우나 그 입술을 제어하는 자는 지혜가 있느니라"고 했습니다. 미련한 자는 말을 많이 합니다.

> 칼로 찌름 같이 함부로 말하는 자가 있거니와 지혜로운 자의 혀는 양약과 같으니라 잠 12:18

> 세상에 금도 있고 진주도 많거니와 지혜로운 입술이 더욱 귀한 보배니라 잠 20:15

당신의 입술은 보배입니까? 예수님께서 입을 여니까 복된 말씀 8가지가 구슬이 쏟아지듯이 쏟아진 것처럼 입만 열면 복이 쏟아지게 되기를 바랍니다.

복된 재물

두 번째로, 지혜는 '복된 재물'을 얻게 합니다.

똑같이 돈을 벌어도 어떤 사람은 그 돈 때문에 화를 입기도 하고, 어떤 사람은 그것 때문에 복을 받습니다. 복을 나누어 주게 됩니다.

> 부자의 재물은 그의 견고한 성이요 가난한 자의 궁핍은 그의 멸망이니라 의인의 수고는 생명에 이르고 악인의 소득은 죄에 이르느니라 잠 10:15-16

돈에는 양면성이 있습니다. 돈 때문에 견고해지기도 하고 돈 때문에 아주 어려워지기도 하는데, 그렇다고 해서 무조건 탐욕을 가지고 돈을 벌어서는 안 됩니다. 의인의 삶으로 성실하게 살면서 돈을 벌어야 합니다. 의인의 수고는 생명에 이르고 악인의 소득은 죄에 이를 뿐입니다.

의인으로서 소득이 높아져야 합니다. 악인의 소득은 죄 덩어리일 뿐입니다. 악인이 가진 재물은 돈이 아니라, 하나님이 보시기에는 단지 죄일 뿐입니다. 돈이 많이 쌓여 갈수록 죄가 많이 쌓여 결국 돈 때문에 망하는 것입니다. 하나님께서는 의인으로서 소득이 높아지는 것, 그 복을 주시길 원하십니다.

본문 2절 말씀에, "불의의 재물은 무익하여도 공의는 죽음에서 건지느니라"고 했습니다. 불의한 재물은 아무런 쓸모가 없습니다. 그러나 의인의 재물은 사망에 빠진 사람도 건지게 됩니다.

하나님을 잘 섬기면서 성실하게 돈을 벌어야 합니다. 아무리 성실해도 여호와께서 집을 세우지 아니하시면 세우는 자의 수고가 헛되며 여호와께서 성을 지키지 아니하시면 파수꾼의 깨어 있음이 헛될 뿐입니다.시 127:1 그러므로 성실하게 수고하면서 하나님을 잘 섬겨야 합니다. 하나님께서는 반드시 30배, 60배, 100배로 열매 맺게 하실 것입니다. 더 쌓을 곳이 없도록, 그래서 나누어 줄 수밖에 없도록 말입니다.

하나님이 의인에게 주시는 복의 특징은 근심이 없습니다. 여호와께서 주시는 복은 사람을 부하게 하고 근심을 겸하여 주지 않습니다.^{잠 10:22} 하나님은 복을 주시되 의인에게 부하게 하시고 근심은 주지 않으십니다. 반면 악인은 재물이 쌓일수록 염려, 두려움, 근심 때문에 불안해합니다. 재물을 지키려고 아등바등합니다. 근심으로 자기 눈을 찌르게 되지 않기를 바랍니다. 디모데전서 6장 10절 말씀에서 돈을 사랑하는 자는 그 마음에서 일만 악의 뿌리가 있어 믿음에서 떠나 근심으로 자기를 찌른다고 했습니다. 이것을 기억하기 바랍니다.

특별히 말세에는 맘몬과의 전쟁이 치열합니다. 재물이 신이 되어 하나님보다 더 섬기게 합니다. 우리가 의인으로서 복을 받아야 합니다. 재물의 신과의 전쟁에서, 예수 믿는 사람들은 하나님이 주신 재물을 세상에 빼앗기면 안 됩니다.

> 그들에게 이르시되 내가 너희를 전대와 배낭과 신발도 없이 보내었을 때에 부족한 것이 있더냐 이르되 없었나이다 이르시되 이제는 전대 있는 자는 가질 것이요 배낭도 그리하고 검 없는 자는 겉옷을 팔아 살지어다^{눅 22:35-36}

예수님께서 "전에 전대 없이 내가 늘 보냈는데 부족한 것이 있더냐" 하고 물으시면서 "이제는 전대를 가져라"라고 하셨습니다. 이는 교회 시대를 말씀하시는 것입니다. 전대, 바로 돈 주머니입니다. 배낭은 구제를 이야기하고, 검은 성령의 검인 말씀을 이야기합니다.

> 너희 소유를 팔아 구제하여 낡아지지 아니하는 배낭을 만들라 곧 하늘에 둔 바 다함이 없는 보물이니 거기는 도둑도 가까이 하는 일이 없고 좀도 먹는 일이 없느니라 눅 12:33

> 구원의 투구와 성령의 검 곧 하나님의 말씀을 가지라 엡 6:17

왜 돈을 법니까? 바로 구제하고 선교하기 위해서입니다. 이런 복이 여러분들에게 더욱 많아지게 될 것입니다. 그래서 견고한 성이 될 것입니다. 잠 18:11

복된 소망

의인에게 임하는 세 번째 복은 바로 '복된 소망'입니다.

> 악인에게는 그의 두려워하는 것이 임하거니와 의인은 그 원하는 것이 이루어지느니라 잠 10:24

너무 중요한 말씀입니다. 여러분, 의인인데 왜 악인처럼 살려고 합니까? 왜 자꾸 두려워합니까? 의인은 두려워하는 대신에 소원하는 것입니다.

수술을 앞두고 두려워하는 사람이 있습니다. 그 사람은 '수술하다가 내가 마취에서 깨어나지 못하고 죽으면 어떡하지?' 하고 생각합니다. 하지만 우리가 의인이라면 두려워하지 말고 수술을 통해 하나님께서 완전히 고쳐주실 줄로 믿어야 합니다. 하나님의 뜻은 소원을 통해 이루어집니다.

간절히 원하십시오. 하나님의 뜻은 소원을 통해서 이루어집니다. 빌립보서 2장 13절 말씀에서는 "너희 안에서 행하시는 이는 하나님이시니 자기의 기쁘신 뜻을 위하여 너희에게 소원을 두고 행하게 하시나니"라고 하였습니다. 우리는 의인으로 소원만 있으면 됩니다. 마태복음 15장 28절 말씀에 예수님께서 "네 믿음이 크도다 네 소원대로 되리라"라고 하셨습니다. 두려움, 염려, 걱정 대신 소원을 가집시다.

본문 28절에 "의인의 소망은 즐거움을 이루어도 악인의 소망은 끊어지느니라"라고 하였습니다. 악인들도 의인들과 같이 소망을 하지만 그 결과는 다릅니다. 악인들은 소망을 두고 즐겁게 사는 것 같지만 결국 다 없어집니다. 허무합니다. 하지만 의인의 소망은 반드시 이루어집니다. 그러니 그 소망을 하나님 앞에 아뢰십시오.

지혜는 바로 우리에게 소망을 갖게 합니다. 예레미야 29장 11절의 미래와 희망을 주시는 하나님을 찬양합니다. "너희를 향한 나의 생각을 내가 아나니 평안이요 재앙이 아니니라 너희에게 미래와 희망을 주는 것이니라."

로마서 15장 13절의 소망의 하나님을 찬양합니다. "소망의 하나님이 모든 기쁨과 평강을 믿음 안에서 너희에게 충만하게 하사 성령의 능력으로 소망이 넘치게 하시기를 원하노라."

지혜는 의인의 삶을 살게 합니다.

지혜는 의인의 길을 가게 합니다.

내 삶 속에서 복된 입술을 가지고, 복된 재물을 얻어, 복된 희망을 품고 세상을 변화시키는 구원하는 지혜자가 되기를 바랍니다.

당신은 지혜자입니다.

당신은 의인입니다.

잠언 11장

지혜는 사람을 얻습니다

지혜는 자신뿐만 아니라 타인도 구원한다

지혜는 사람을 얻습니다. 잠언 11장 30절에 "의인의 열매는 생명 나무라 지혜로운 자는 사람을 얻느니라"고 했습니다. 미련한 자는 사람을 잃게 되지만, 지혜로운 자는 사람을 얻습니다. 즉, 지혜는 사람을 생명의 길로 인도하여 그 영혼을 구원합니다. 다니엘서 12장 3절에 "지혜 있는 자는 궁창의 빛과 같이 빛날 것이요 많은 사람을 옳은 데로 돌아오게 한 자는 별과 같이 영원토록 빛나리라"고 했습니다. 지혜를 가지고 사람을 얻는 것은 '인권'을 말합니다.

본문에 망한다는 이야기가 나옵니다. 3절에 사악한 자의 패역은 자기를 망하게 하고, 9절에 악인은 입으로 그의 이웃을 망하게 한다고 했습니다. 14절에 지략이 없으면 백성이 망한다고 했습니다. 즉, 미련하고 죄가 있으면 자기도 망하고, 이웃도 망하게 하고, 나라도 망하게 한다는 것입니다. 우리는 하나님의 지혜를 얻어 사람을 구원하는 지혜로운 자가 되어야 합니다.

겸손한 자가 사람을 구원한다

본문에 보면 어떤 지혜로운 자가 사람을 얻게 되는지 구체적으로 그 답이 나와 있습니다.

첫 번째, 겸손한 자가 사람을 구원합니다.

2절에 "교만이 오면 욕도 오거니와 겸손한 자에게는 지혜가 있느니라"고 했습니다. 지혜가 사람을 얻는데, 바로 그 지혜는 겸손한 자에게 임합니다. 교만하면 사람들이 떠납니다. 그러나 겸손하면 주위에 사람들이 모입니다. 예수님을 보십시오. 수많은 사람을 구원할 수 있었던 것은 예수님이 지혜롭고 겸손했기 때문입니다.

마태복음 11장 28절에서 29절까지의 말씀에 "수고하고 무거운 짐 진 자들아 다 내게로 오라 내가 너희를 쉬게 하리라 나는 마음이 온유하고 겸손하니 나의 멍에를 메고 내게 배우라"고 했습니다. 그렇습니다. 예수님은 겸손하셨기에 지혜로우셨고, 많은 사람을 죽음과 사망과 죄에서 구원하실 수 있었습니다.

사도바울도 마찬가지입니다. 그는 만삭되어 나지 못한 자와 같은 자신은 모든 사도 중에 가장 작은 자라고 겸손히 고백합니다.[고전 15:8-9] 사도 중에서 뿐만 아니라 모든 성도 중에 가장 작은 자보다 더 작은 자가 자신이라고 말합니다.[엡 3:8] 이런 겸손이 있었기에 사도바울은 아시아와 유럽에까지 복음을 전해 많은 사람을 구원할 수 있었습니다.

사람이 거만하면 홀로 해를 당하고,[잠 9:12] 교만은 패망의 선봉이라고 했습니다.[잠 16:18] 교만하면 사람들이 알아주는 것이 아니라, 앞에서는 칭찬하는 것 같아도 뒤에서는 손가락질하고 비난합니다.

교만의 폐해는 아무것도 알지 못하는 것입니다. 본문 22절에 아름다운 여인이 삼가지 아니하는 것은 마치 돼지 코에 금 고리 같다고 했습니다. 의로운 척, 잘난 척, 있는 척 혼자 뽐내지만, 그것은 마치 더러운 돼지가 코에 금 고리를 하는 것같이 우스꽝스러운 것입니다. 교만해지면 사람이 우스꽝스러워집니다.

구원받은 성도는 겸손하고 지혜로운 사람이 되어 사람들을 구원하는 자가 되어야 합니다.

정직한 자가 사람을 구원한다

두 번째, 정직한 자가 사람을 구원합니다.

정직한 자에게 지혜가 임하고, 그 지혜로 사람들을 구원하게 됩니다.

3절과 6절, 11절 말씀에 계속 정직을 강조하고 있습니다.

> 정직한 자의 성실은 자기를 인도하거니와 사악한 자의 패역은 자기를 망하게 하느니라
>
> 정직한 자의 공의는 자기를 건지려니와 사악한 자는 자기의 악에 잡히리라
>
> 성읍은 정직한 자의 축복으로 인하여 진흥하고 악한 자의 입으로 말미암아 무너지느니라

정직은 자신을 살리고, 이웃을 살리며, 나라를 살리는 지름길입니

다. 돈이 없는 것이 문제가 아닙니다. 문제는 정직함과 진실함이 없는 것입니다.

여호수아 7장에 보면 가나안 정복에 나섰던 이스라엘은 아이성 공격에서 참패를 당합니다. 군사력이나 용병술의 문제가 아니었습니다. 금덩어리를 탐했던 아간 때문이었습니다. 그는 정직하지 못했습니다. 탈취물들을 도적질해서 땅 속에 몰래 감추어 두었습니다. 이로 인해 하나님의 진노를 사 아이성 공격에서 실패했습니다.

마태복음 15장 19절에 마음속에서 나오는 것이 사람을 더럽게 하는데, 악한 생각, 살인, 간음, 음란, 도적질, 거짓 증거, 비방이라고 했습니다.

정직한 자가 사람을 구원할 수 있습니다. 양심이 바로 서야 사람들에게 담대히 복음을 전할 수 있습니다.

정직하신 예수님은 거룩하고, 악이 없고, 더러움이 없고 하늘보다 높이 되신 분입니다.^{히 7:26} 그렇기에 십자가에서 대속물이 되셔서 죄인들을 구원하실 수 있었습니다.

구제하는 자가 사람을 구원한다

세 번째, 구제하는 자가 사람을 구원합니다.

지혜로 사람을 구원하는 자는 이웃을 위해 재물을 올바로 사용하는 청지기의 삶을 사는 자입니다.

> 흩어 구제하여도 더욱 부하게 되는 일이 있나니 과도히 아껴도 가난하게 될 뿐이니라 구제를 좋아하는 자는 풍족하여질 것이요 남을 윤택하게 하는 자는 자기도 윤택하여지리라 ^{잠 11:24-25}

> 자기의 재물을 의지하는 자는 패망하려니와 의인은 푸른 잎사귀
> 같아서 번성하리라 잠 11:28

재물의 청지기로서 흩어 구제하는 복을 누려야 합니다. 사도행전 20장 35절 말씀처럼 수고하여 약한 사람들을 돕고 주는 자의 복을 누리는 사랑을 실천하는 자가 되어야 합니다. 돈에 대해서 욕심을 가지고 자기 배만 채우려고 한다면 어떻게 사람을 구원할 수 있겠습니까? 하나님이 주시는 시간과 재능과 재물을 가지고 이웃을 섬기며 복음을 전할 때 많은 사람을 구원할 수 있습니다.

누가복음 12장 33절에 예수님은 재물을 팔아 구제하여 낡아지지 않는 배낭을 만들라고 했습니다. 그러면 하늘에는 다함이 없는 보물이 쌓일 것이라고 했습니다. 잠언 19장 17절에 가난한 자를 불쌍히 여기는 것은 하나님께 꾸어 드리는 것이니 여호와께서 그 선행을 반드시 갚아주리라고 했습니다.

흩어 구제해야 합니다. 씨앗을 뿌리듯이 물질의 씨앗과 축복의 씨앗을 이웃을 위하여, 복음을 위하여, 그의 나라를 위하여 뿌려 수많은 영혼을 주께로 인도해야 합니다. 바나바는 자기가 가진 소유를 사도들 앞에 내어놓고 재물에 충성스러운 청지기가 되었습니다. 사도행전 11장 24절은 "바나바는 착한 사람이요 성령과 믿음이 충만한 사람이라 이에 큰 무리가 주께 더하여지더라"고 증언하고 있습니다.

지혜는 사람을 얻습니다.
지혜는 사람을 구원하여 생명을 얻게 합니다.

주님께서 부르시는 그 날에, 주님 앞에 서는 그 날에, 나 홀로 구원을 얻어 천국에 들어가면 안 됩니다. 지혜로운 자가 되어 각 나라 족속 백성 방언에서 많은 사람을 주께로 인도해야 합니다.

겸손 합시다. 정직합시다. 구제합시다.

수많은 영혼을 주께로 인도하는 자가 됩시다.

> 의인의 열매는 생명 나무라 지혜로운 자는 사람을 얻느니라 잠 11:30

잠언 12장

지혜는
사람을 만듭니다

우리는 사람다운 사람인가?

어느 졸업식에서 선생님이 칠판에 사람 '인' 자 네 개(人 人 人 人)를 쓰고 학생들에게 무슨 뜻인지 물었다고 합니다. 그 뜻은 "사람이면 다 사람이냐, 사람다워야 사람이지"라는 의미였습니다. 또 이런 말도 있습니다. "신자가 되기 전에 사람부터 되어라." 이런 말들이 우리에게 주는 메시지는 무엇일까요?

예수를 믿는다고 하면서, 사람답지 못하게 살 때가 많습니다. 마귀는 하나님의 형상으로 창조된 사람들을 짐승의 형상으로 바꿔놨습니다. 하지만 예수님께서는 이 땅에 오셔서 짐승 같은 죄인을 하나님의 형상으로 다시 빚으십니다. 사람같은 사람으로 만드십니다.

인면수심人面獸心이라는 말이 있습니다. 겉은 사람이지만 속은 짐승이라는 뜻입니다. 성경도 사람답지 않은 사람들을 '짐승'이라고 표현하고 있습니다. 짐승은 하나님을 알지 못합니다. 짐승은 구원의 대상이 아닙니다. 그렇기 때문에 멸망하는 짐승과 같다는 것은 구원받지 못하는 사람을 가리킵니다. 진정한 사람은 구원받은 자입니다.

> 사람은 존귀하나 장구하지 못함이여 멸망하는 짐승 같도다 시 49:12
>
> 존귀하나 깨닫지 못하는 사람은 멸망하는 짐승 같도다 시 49:20

깨닫지 못한다는 것은 지혜가 없다는 것입니다. '멸망 받을 짐승'은 지혜가 없는 자를 이야기합니다. 반대로 지혜는 멸망 받을 짐승 같은 사람도 하나님의 자녀로, 사람다운 사람으로 만들어 줍니다. 지혜가 제일인 것은 지혜가 우리로 하여금 사람의 길을 걸어가게 하기 때문입니다.

> 훈계를 좋아하는 자는 지식을 좋아하거니와 징계를 싫어하는 자는 짐승과 같으니라 시 12:1

짐승같은 자는 징계를 싫어하여 자신을 고치지 않지만, 지혜 있는 자는 징계를 달게 받아 자신의 부족을 깨닫고 고쳐갑니다.

길거리에 많은 사람이 있지만 참사람을 만나기는 힘듭니다. 교회 안에서도 참다운 사람이라고 할 수 있는 사람이 적습니다. 안타까운 일입니다. 소돔과 고모라가 망한 것은 죄인이 많아서라기보다도 의인이 없어서, 참다운 사람이 없어서 심판받은 것입니다. 하나님은 오늘도 진리를 구하는 자, 공의를 구하는 한 사람을 찾고 계십니다. 렘 5:1 참다운 사람을 만드는 것은 지혜입니다.

지혜는 칭찬받는 사람을 만든다

지혜가 참사람을 만들 때, 어떠한 사람으로 만들까요?

첫 번째, 칭찬받는 사람으로 만듭니다.

8절에서 "사람은 그 지혜대로 칭찬을 받으려니와 마음이 굽은 자는 멸시를 받으리라"고 했습니다. 지혜는 자기보다 남을 먼저 배려합니다. 자기 유익보다 남의 유익을 먼저 구하게 합니다. 양보와 희생을 하게 합니다. 지혜를 따라 이렇게 사는 자들은 멸시와 천대가 아닌 칭찬을 받게 됩니다. 사람들에게 비난을 받는 이유는 덕이 없어서, 자기 배만 채우고, 자기만을 생각해서 그렇습니다.

주위 사람들에게 자연스레 칭찬받는 것과 자기가 남에게 칭찬받기를 좋아하여 명예를 구하는 것은 다릅니다. 예수 믿는 사람들은 인기에 편승해 살아가는 세상의 아류가 되어서는 안 됩니다. 예수님은 모든 사람이 너희를 칭찬한다면 너희에게 화가 있을 것이라고 했습니다.눅 6:26 거짓 선지자들과 바리새인들은 높은 자리에 앉아 칭찬받기를 좋아했습니다. 그러나 참다운 칭찬은 인정받고 싶은 욕심에서 비롯된 것이 아니라 지혜로운 삶을 통해서 자연스럽게 흘러나와야 합니다.

> 이로써 그리스도를 섬기는 자는 하나님을 기쁘시게 하며 사람에게도 칭찬을 받느니라롬 14:18

때로 사람들이 나를 칭찬해주지 않는다 할지라도 정말 내가 성실하고 정직하고 근면하고 의인답게 살면, 언젠가는 알아주는 날이 옵니다. 하나님께 영광을 돌리는 날이 옵니다.

예수 믿는 성도는 신앙 때문에 욕을 먹을 수 있습니다. 핍박을 받을 수 있습니다. 세상과 거슬러 살기 때문에 외톨이가 될 수도 있습니다. 그러나 핍박이 아닌 세상의 비난은 받지 말아야 합니다. 올바르게 살지 못해 손가락질을 받고, 비난을 받으면 안 됩니다. 또 내가 잘못해서 욕을 먹으면서도 '이것이 핍박이구나. 상급이 있겠구나'라고 생각하면 그것은 잘못된 생각입니다.

세상에서 살아가는 동안에 소금과 빛이 되기를 바랍니다. 환난과 핍박 가운데서도 결국은 칭찬받아 주님을 드러내는 자들이 됩시다. 2절 말씀에 "선인은 여호와께 은총을 받으려니와 악을 꾀하는 자는 정죄하심을 받으리라"고 했습니다. 하나님께 은총을 받고 사람에게도 칭찬받는 그런 지혜로운 사람, 참사람이 되기를 바랍니다.

지혜는 권고를 듣는 사람을 만든다

두 번째, 권고를 듣는 사람으로 만듭니다.

15절에 "미련한 자는 자기 행위를 바른 줄로 여기나 지혜로운 자는 권고를 듣느니라"고 했습니다. 칭찬만 좋아하는 자는 자기가 옳은 줄 압니다. 다른 사람은 틀리고, 자기 생각과 행동이, 자기 의견과 결정이 맞는 줄로 항상 생각합니다. 그래서 누군가 바른 이야기를 해 주거나 권고를 해도 듣지 않습니다.

반대로 지혜자는 귀가 열린 사람입니다. 귀가 얇은 사람이 아니라 귀가 열린 자입니다. 하나님께서 사람에게 입은 하나를 주시고, 귀는 두 개 주신 것은 잘 들으라는 것입니다.

지혜는 책망을 달게 받게 합니다. 세상은 점점 권고도 책망도 듣지 않습니다. 학생은 스승의 말을 듣지 않고, 자녀들은 부모의 말을 듣지 않고, 성도들은 지도자의 말을 듣지 않습니다. 내 생각대로, 하고 싶은 대로 삽니다. 무엇보다도 하나님의 말씀을 듣지 않습니다. 말씀대로 살지 않습니다. 어리석은 일입니다.

디모데후서 3장 16절에서는 "모든 성경은 하나님의 감동으로 된 것으로 교훈과 책망과 바르게 함과 의로 교육하기에 유익하니라"고 했습니다. 하나님의 말씀을 들을 때 겸손히 마음의 문을 열고 자신을 돌아보며 고치는 자가 지혜로운 자입니다.

잠언 1장 23절에 "나의 책망을 듣고 돌이키라 보라 내가 나의 영을 너희에게 부어 주며 내 말을 너희에게 보이리라"고 했습니다. 지혜는 잘 듣는 것입니다. 권고를 잘 듣게 될 때 회개하고 되고, 성령 충만하여 주의 뜻을 분별하게 됩니다.

> 거만한 자는 견책 받기를 좋아하지 아니하며 지혜 있는 자에게로 가지도 아니하느니라 잠 15:12

> 너는 권고를 들으며 훈계를 받으라 그리하면 네가 필경은 지혜롭게 되리라 잠 19:20

지혜는 선한 말을 하는 사람으로 만든다

세 번째, 선한 말을 하는 사람으로 만듭니다. 혀를 잘 관리하는 사람으로 만듭니다.

> 칼로 찌름 같이 함부로 말하는 자가 있거니와 지혜로운 자의 혀는 양약과 같으니라 잠 12:18

함부로, 아무 생각 없이 말하면 안 됩니다. '그까짓 말에 상처를 받겠어?'라고 생각하지 마십시오. 칼로 사람을 찌르고 '그까짓 칼에 무슨 상처를 받는다고 그래?'라고 생각하는 것과 같습니다. 혀는 칼입니다. 혀를 함부로 놀리면 사람을 죽일 수도 있습니다. 잠언 26장 9절에 "미련한 자의 입의 잠언은 술 취한 자가 손에 든 가시나무 같으니라"고 했습니다. 이는 마치 술에 취한 사람이 손에 가시나무를 들고 옆 사람이 상처받는 줄도 모르고 마구 흔드는 모습을 말합니다. 이 사람 저 사람에게 함부로 말하거나 전화를 하여 상처를 주는 것을 말합니다.

사람은 해야 할 말과 하지 말아야 할 말을 구별할 줄 알아야 합니다. 음식도 골라 먹는 것처럼 말도 선별해서 해야 합니다.

지혜로운 자의 혀는 양약과 같습니다. 양약은 선한 말, 좋은 말, 좋은 약과 같은 말을 뜻합니다. 본문에는 말에 대한 여러 교훈이 있습니다.

> 악인의 말은 사람을 엿보아 피를 흘리자 하는 것이거니와 정직한 자의 입은 사람을 구원하느니라 잠 12:6
>
> 사람은 입의 열매로 말미암아 복록에 족하며 그 손이 행하는 대로 자기가 받느니라 잠 12:14
>
> 진리를 말하는 자는 의를 나타내어도 거짓 증인은 속이는 말을 하느니라 잠 12:17
>
> 진실한 입술은 영원히 보존되거니와 거짓 혀는 잠시 동안만 있을 뿐이니라 잠 12:19

> 거짓 입술은 여호와께 미움을 받아도 진실하게 행하는 자는 그의 기뻐하심을 받느니라 잠 12:22
>
> 근심이 사람의 마음에 있으면 그것으로 번뇌하게 되나 선한 말은 그것을 즐겁게 하느니라 잠 12:25

어렵고 힘든 세상이라고 이야기하지만 이럴 때일수록 지혜로운 자의 혀가 되어 사람들을 치유하고 살리는 말을 해야 합니다. 이사야 50장 4절의 말씀처럼 말로 곤핍한 사람들을 도와줄 줄 아는 학자의 혀를 소유하게 되기를 바랍니다. 잠언 20장 15절에 지혜로운 입술이 더욱 귀한 보배라고 했으니, 보배로운 혀가 되기를 바랍니다.

지금 세상이 왜 이렇게 힘들어져 갑니까? 야고보서 3장 6절 말씀에서는 "혀는 곧 불이요 불의의 세계라 혀는 우리 지체 중에서 온몸을 더럽히고 삶의 수레바퀴를 불사르나니 그 사르는 것이 지옥 불에서 나느니라"고 했습니다. 세상이 지옥 같은 것은 다 말 때문에 그렇습니다. 불조심보다 더 조심해야 하는 것이 말조심이라는 것을 기억하십시오. 가족 간에, 부부 간에, 교회에서도 말조심을 해야 합니다. 혀에서 독이 나오지 않도록 혀에 파수꾼을 세우시길 바랍니다. 예수님처럼 복된 언어의 소유자가 되시길 바랍니다.

지혜가 사람을 사람답게 만듭니다.
칭찬받는 사람, 권고를 듣는 사람, 그리고 선한 말을 하는 사람으로 만들어 세상을 아름답게 합니다.
그리스도 안에서 하나님의 형상을 회복하여 참사람이 된 성도는 세상에서 이웃을 생명으로 인도하는 인도자가 됩니다. 본문 26절에 "의인은 그 이웃의 인도자가 되나 악인의 소행은 자신을 미혹하느니라"고 했습니다. 이 말씀은 사람다운 사람이 되어야 하는 이유를 말해주고 있습니다.

영향력 있는 지도자가 되어 많은 사람을 주께로 인도하시기 바랍니다. 의인은 사람들을 천국으로, 행복한 세계로 인도합니다.

지혜로 참사람이 되어 이웃의 인도자가 되기를 바랍니다.

잠언 13장

지혜는
지혜에서 나옵니다

지혜자를 사귀라

꿀에서 단 것이 나오는 것처럼 지혜에서 지혜가 나옵니다.

잠언 13장 20절에 보면 놀라운 말씀이 있습니다. "지혜로운 자와 동행하면 지혜를 얻고 미련한 자와 사귀면 해를 받느니라." 묵상할수록 은혜가 되는 말씀입니다.

지혜자와 동행하면 지혜를 얻습니다. 반대로 미련한 자와 사귀면 해를 받습니다. 19절에 미련한 자는 '악에서 떠나기를 싫어하는 자'라고 했습니다. 미련한 자와 사귀면 함께 죄악에 빠지게 되어 불행하게 되고 맙니다.

9절에 "의인의 빛은 환하게 빛나고 악인의 등불은 꺼지느니라"고 했습니다. 마음이 명랑한 자와 사귀면 같이 명랑하게 되고, 마음이 어두운 자와 사귀면 등불이 꺼지는 것처럼 함께 마음이 어두워집니다.

15절에 "선한 지혜는 은혜를 베푸나 사악한 자의 길은 험하니라"고 했습니다. 지혜자와 사귀면 은혜를 베푸는 행복한 삶을 살게 되는데, 사악한 자와 사귀면 험악한 삶을 살게 됩니다. 주변에 보면 친구를 잘못 만나서, 배우자를 잘못 만나서 삶이 어려워져 힘들게 살아가는 사람들을 볼 수 있습니다. 사람을 잘 만나야 하고, 지혜로운 자를 만나는 것이 복입니다. 만남의 복이 복중의 복입니다. 이를 위해서는 내가 지혜로운 자가 되어야 하고, 또 지혜로운 친구를 사귀어야 합니다.

잠언 18장 24절에 보면 "많은 친구를 얻는 자는 해를 당하게 되거니와 어떤 친구는 형제보다 친밀하니라"고 했습니다. 친구도 나에게 해가 되는 친구가 있고, 유익을 주는 친구가 있습니다. 누가 진실한 친구인지, 거짓된 친구인지, 누가 나를 사랑하는 친구인지, 이용하는 친구인지 분별해야 합니다.

'유유상종'類類相從이라 했습니다. 끼리끼리 모인다는 것입니다. 내가 지혜로운 친구가 될 때 지혜로운 친구를 사귈 수 있습니다. 잠언 27장 17절에도 "철이 철을 날카롭게 하는 것 같이 사람이 그의 친구의 얼굴을 빛나게 하느니라"고 했습니다.

지혜는 지혜에서 나옵니다. 세상을 살면서 혹 잘못된 만남을 통해 어려움이 있었다 할지라도 소망을 가지십시오. 참 지혜자 예수님이 우리의 친구가 되어 주십니다. 예수님과 동행하십시오. 지혜자 되시는 주님과 사귀어 참 지혜자가 되시기를 바랍니다.

순종하는 자를 사귀라

지혜로운 자와 사귀면 지혜를 얻고 미련한 자와 사귀면 해를 받습니다.

우리가 사귀어야 할 지혜자가 누구입니까?

첫 번째, 순종하는 자를 사귀어야 합니다.

1절에 보면 "지혜로운 아들은 아비의 훈계를 들으나 거만한 자는 꾸지람을 즐겨 듣지 아니하느니라"고 나옵니다. 지혜로운 자는 순종하는 자입니다. 그러나 교만한 자는 불순종하는 자입니다. 지혜를 얻으려면 말씀에 순종하는 자와 사귀어야 합니다. 지도자, 웃어른에게 순종하는 자를 사귀어야 합니다. 지도자를 험담하고, 웃사람에게 거역하고, 부모에게 불순종하는 사람들이 있습니다. 이런 자들과 사귀면 해를 받습니다.

13절 말씀입니다. "말씀을 멸시하는 자는 자기에게 패망을 이루고 계명을 두려워하는 자는 상을 받느니라." 거만해서 말씀을 무시하고, 말씀대로 살지 않는 자를 사귀면 함께 패망하게 됩니다. 반면, 말씀에 순종하고 말씀을 경외하는 자를 사귀면 지혜를 얻습니다.

성경에는 지혜로운 자와 사귀어 복을 얻은 사람들의 이야기가 나옵니다. 사드락, 메삭, 아벳느고는 지혜로운 자, 말씀에 순종하는 자인 다니엘과 사귀어 지혜를 얻어 높은 지위에 올랐습니다. 애굽의 바로 왕도 지혜로운 요셉을 만나 가까이하여 나라를 흉년의 위기에서 건지는 복을 받았습니다. 주인의 물건을 훔치고 감옥에 들어갔던 무익한 오네시모는 순종하는 자인 바울을 만나 다른 사람에게 유익을 끼치는 자가 되었습니다.

신명기 5장 9-10절에 말씀에 불순종한 자는 삼사 대까지 저주가 이르고, 하나님을 사랑하고 계명에 순종하는 자는 천대까지 은혜를 받는다고 했습니다. 순종하는 자와 사귀면 따라서 순종하게 되고 천대까지 복을 받게 될 것입니다.

긍정적인 입술을 가진 자와 사귀라

두 번째, 긍정적인 입술을 가진 자를 사귀어야 합니다.

> 사람은 입의 열매로 인하여 복록을 누리거니와 마음이 궤사한 자는 강포를 당하느니라 입을 지키는 자는 자기의 생명을 보전하나 입술을 크게 벌리는 자에게는 멸망이 오느니라 _{잠 13:2-3}

사람과 사귈 때 이 사람의 입술이 복된 입술인가, 입을 벌려 남을 험담하는 입술인가 분별하십시오. 부정적인 말을 하는 사람을 사귀면 어느새 나도 부정적인 말을 하는 사람으로 바뀌게 됩니다. 말로 상처 주는 사람과 교제하다 보면 어느덧 나도 다른 사람에게 말로 상처 주는 사람이 되어버립니다. 남을 칭찬하고 격려하고 축복하는 자와 사귀어야 합니다. 그럴 때 나도 축복하고 긍정적인 말을 하는 지혜로운 사람으로 변하게 됩니다.

민수기 13장과 14장에 보면 약속의 땅 가나안을 정탐하러 갔던 열두 명의 이야기가 나옵니다. 열 명은 정탐 후 가나안 거주민에 대한 두려움에 사로잡혀 "우리는 메뚜기와 같다"고 자신들을 비하하며 정탐한 땅을 악평했습니다. 그러나 여호수아와 갈렙은 믿음의 말을 했습니다.

> 우리가 두루 다니며 정탐한 땅은 심히 아름다운 땅이라. 과연 젖과 꿀이 흐르는 땅이라. 그 땅 백성을 두려워하지 말라. 그들은 우리의 먹이라. 여호와는 우리와 함께 하시느니라 _{민 14:7-9}

이 둘은 하나님을 신뢰하는 믿음 가운데 긍정적인 말을 했습니다. 그런데 정탐꾼들의 보고를 들은 회중들은 여호수아와 갈렙의 말을 듣는 대신 악평을 한 열 명의 말에 함께 동조하며 여호수아와 갈렙을 돌로 치려 했습니다. 하나님께서는 악평하고 불평하는 회중들에게 "너희 말이 내 귀에 들린 대로 내가 너희에게 행하리라"민 14:28고 하셨습니다. 결국, 함께 악평한 출애굽 1세대들은 모두 광야에서 죽고 말았습니다. 약속의 땅에 들어가지 못하고 패망했습니다.

힘들고 어려울 때 "힘들다, 어렵다, 못한다"는 말을 계속하는 사람이 있습니다. 반면 "할 수 있다, 주님이 도와주신다, 기도하면 된다"고 말하는 사람이 있습니다. 누가 지혜자입니까? 부정적인 말을 하는 자가 아닌 긍정적인 말을 하는 자, 불평이 아닌 소망의 말을 하는 자와 사귀어야 합니다.

시편 140편 11절에 "악담하는 자는 세상에서 굳게 서지 못하며 포악한 자는 재앙이 따라서 패망하게 하리이다"라고 했습니다. 악담하는 자, 불평하는 자, 원망을 토로하는 자와 가까이하지 말아야 합니다. 설사 이런 사람들과 이야기하게 된다 할지라도 그들의 악담하는 말을 따라가지 말고, 오히려 그들에게 긍정적인 말로 선한 영향력을 끼치는 지혜로운 자가 되어야 합니다.

항상 마음에 좋은 말이 넘치는 사람시 45:1과 사귀는 것이 지혜를 얻는 비결입니다. 이것이 내가 잘되고 내 이웃도 잘되는 비결입니다.

부지런한 자를 사귀라

마지막으로 부지런한 자와 사귀어야 합니다.

4절에 "게으른 자는 마음으로 원하여도 얻지 못하나 부지런한 자의 마음은 풍족함을 얻느니라"고 했습니다. 부지런한 자와 사귀어야 합니다.

게으른 자는 그 잡을 것도 사냥하지 않고[잠 12:27], 게으른 자의 정욕은 자신을 죽이며[잠 21:25], 미련한 자의 안일은 자기를 패망시킨다[잠 1:32]고 했습니다. 게으른 자와 사귀면 안 됩니다. 게으른 자와 사귀면 따라서 일하기를 싫어하게 되고 허황된 꿈에 욕심만 부리다가 결국 함께 패망하게 됩니다.

악한 사자는 재앙에 빠져도 충성된 사신은 양약이 되느니라[잠 13:17]

'악한 사자'는 주인의 명령을 거스르고 자기 일을 하지 않는 게으른 종을 말합니다. 게으른 것이 악한 것입니다. '충성된 사신'은 주인의 명령에 순종하여 부지런히 자신에게 주어진 일을 감당하는 자입니다. 악하고 게으른 자와 사귀면 재앙에 빠지지만, 부지런하고 충성된 사람을 만나면 유익을 얻게 됩니다.

본문 23절에 "가난한 자는 밭을 경작함으로 양식이 많아지거니와 불의로 말미암아 가산을 탕진하는 자가 있느니라"고 했습니다. 가난하지만 성실한 사람을 사귀십시오. 부자여도 게으르다면 만나지 마십시오. 그것이 지혜입니다.

로마서 12장 11절에 "부지런하여 게으르지 말고 열심을 품고 주를 섬기라"고 했습니다. 주의 일을 게을리하는 사람을 친구로 삼으면 안 됩니다. 어리석은 자가 되어 주님의 일에 점점 무관심해지고, 믿음에서 떠나 종교적인 신앙인으로 전락하게 됩니다. 주위에 보면 착하고 충성된 지혜로운 자들이 있습니다. 삶이 힘들고, 피곤한데도 자원하여 누구보다도 충성하고 수고하는 사람들이 있습니다. 하나님의 열심을 가지고 매사에 긍정적이고 적극적입니다. 이런 사람들을 친구로 삼으십시오. 함께 착하고 충성된 지혜로운 자가 될 것입니다.

지혜는 지혜에서 나옵니다.
 지혜를 얻기 위해 지혜로운 자와 미련한 자를 분별하여 사귀어야 합니다.
 순종하는 자, 긍정적인 말을 하는 자, 그리고 부지런한 자와 사귀어 지혜로운 자가 되시기를 바랍니다.
 지혜자 예수님이야말로 순종하시고, 긍정적으로 말씀하시며, 부지런하신 분이십니다. 예수님과 깊이 사귀어, 예수님처럼 다른 사람들에게 지혜를 나누어주는 은혜가 있기를 바랍니다.

> 지혜로운 자와 동행하면 지혜를 얻고 미련한 자와 사귀면 해를 받느니라 잠 13:20

잠언 14장

지혜는
집을 세웁니다

지혜로운 가정

잠언 14장에서 찾아볼 교훈은 '지혜는 복된 가정을 이룬다'는 것입니다.

> 지혜로운 여인은 자기 집을 세우되 미련한 여인은 자기 손으로 그것을 허느니라 잠 14:1
>
> 악한 자의 집은 망하겠고 정직한 자의 장막은 흥하리라 잠 14:11

번창하는 가정이 있고, 점점 무너져가는 가정이 있습니다. 성도의 가정은 쇠하는 것이 아니라 흥해야 합니다. 흥하는 가정, 복된 가정이 되려면 지혜가 필요합니다.

1절에 "지혜로운 여인은 자기 집을 세운다"고 했습니다. 하나님께서 아담을 창조하시고 독처하는 것이 좋지 않아 아담을 위해 돕는 배필을 지으셨습니다. 이것은 집안에서 여자의 위치가 매우 중요하다는 것을 의미합니다. 잠언 12장 4절에 "어진 여인은 그 지아비의 면류관이나 욕을 끼치는 여인은 그 지아비의 뼈를 썩게 한다"고 했습니다. 14장 본문에서도 지혜로운 남자가 아니라 지혜로운 여자가 집을 세운다고 한 것은 그만큼 여성의 영향력이 크기 때문입니다.

영적으로 보면 예수님은 신랑이고 그리스도인은 신부입니다. 우리는 모두 지혜로운 신부가 되어 교회의 집을, 하나님의 집을 아름답게 세워나가야 합니다.

지혜가 집을 세웁니다. 예수님께서도 지혜로운 자는 집을 반석 위에 세워 환난이 온다 할지라도 그 집이 무너지지 않지만, 어리석은 자는 모래 위에 집을 지어 쉽게 무너진다고 하셨습니다.^{마 7:24-27}

여호와를 경외하는 가정

반석 위에 든든히 세워가는 지혜로운 가정은 어떤 가정일까요?

첫 번째, 여호와를 경외하는 가정입니다.

2절에 "정직하게 행하는 자는 여호와를 경외하여도 패역하게 행하는 자는 여호와를 경멸하느니라"고 했습니다. 여호와를 경외하는 가정과 여호와를 멸시하는 가정이 있습니다. 지혜로운 자의 가정은 여호와를 공경함으로 바르게 살아 흥하게 되고, 어리석은 자의 가정은 여호와를 멸시하여 그릇되게 살아 패망에 이릅니다. 사무엘상 2장 30절에 "나를 존중히 여기는 자를 내가 존중히 여기고 나를 멸시하는 자를 내가 경멸하리라"고 했습니다.

본문 26절에 "여호와를 경외하는 자에게는 견고한 의뢰가 있나니 그 자녀들에게 피난처가 있으리라"고 했습니다. 부모가 여호와를 경외하면 하나님이 그 가정의 견고한 요새가 되어 주십니다. 또 그 자녀들에게도 피난처가 되어 주십니다. 부모가 하나님 제일주의 신앙으로 살면 그 가정은 환란에도 무너지지 않고 흔들리지 않는 믿음의 가정이 됩니다. 하나님께서 그 가정을 견고히 지키시고, 악하고 음란하고 패역한 세대 가운데서 그 자녀들의 피난처가 되어 주십니다.

여호수아 24장 15절에 "나와 내 집은 여호와를 섬기겠노라"고 했습니다. 하나님을 경외한다는 것은 우상을 버리고 하나님을 섬긴다는 것입니다. 여호수아는 온 이스라엘 백성과 함께 가나안땅에 들어갔을 때 우상을 섬기지 않고 오직 하나님을 경외하는 삶을 백성들에게 가르쳤습니다. 이는 이스라엘 백성들뿐만 아니라 가나안에 거주하는 모든 민족이 우상을 떠나 하나님께 돌아오도록 하는 사명을 감당하는 것이기도 했습니다. 하나님의 뜻은 하나님을 경외하는 가정을 통해 이방인들도 하나님을 믿어 구원을 받게 하는 것입니다.

사도행전 10장 1절과 2절에 보면 가이사랴 지방에 살았던 로마 군대의 백부장 고넬료의 이야기가 나옵니다. 그는 경건하여 온 집안과 더불어 하나님을 경외하며 백성을 많이 구제하고 하나님께 항상 기도하는 사람이었습니다. 하나님은 고넬료의 기도에 응답하셔서 베드로를 초청하여 말씀을 듣도록 했습니다. 고넬료는 일가친척 친구들을 불러모아 사모하는 마음으로 말씀을 받았습니다. 그러자 그 가정에 성령이 임했습니다. 오순절에 임했던 동일한 성령의 역사가 임했습니다. 이방인에게도 생명을 얻는 회개를 주신 것입니다. 하나님을 경외했던 고넬료의 가정은 이방인 선교의 못자리판이 되었습니다. 이처럼 하나님을 경외하는 가정은 이웃도 열방도 구원하는 가정이 됩니다.

여호와를 경외하는 것이 지혜입니다.잠 9:10 이 지혜가 가정을 세우고 이웃을 살리는 축복의 통로가 됩니다.

> 여호와를 경외하며 그의 계명을 크게 즐거워하는 자는 복이 있도다 그의 후손이 땅에서 강성함이여 정직한 자들의 후손에게 복이 있으리로다시 112:1-2

> 여호와의 인자하심은 자기를 경외하는 자에게 영원부터 영원까지 이르며 그의 의는 자손의 자손에까지 이르리니시 103:17

가난한 자를 불쌍히 여기는 가정

두 번째, 가난한 자를 불쌍히 여기는 가정입니다.

> 이웃을 업신여기는 자는 죄를 범하는 자요 빈곤한 자를 불쌍히 여기는 자는 복이 있는 자니라잠 14:21

> 지혜로운 자의 재물은 그의 면류관이요 미련한 자의 소유는 다만 미련한 것이니라잠 14:24

> 가난한 사람을 학대하는 자는 그를 지으신 이를 멸시하는 자요 궁핍한 사람을 불쌍히 여기는 자는 주를 공경하는 자니라잠 14:31

이 말씀들은 가난한 자를 불쌍히 여기라는 의미입니다.
하나님은 고아와 과부의 아버지라고 했습니다. 하나님은 가난하고 소외되고 어려운 자들을 불쌍히 여기시는, 긍휼이 풍성하신 분이십니다. 우리는 하나님의 형상을 따라 지음을 받았기에 하나님처럼 긍휼히 여기는 자가 되어야 합니다. 이 긍휼은 가정으로부터 교회로부터 사회로 세상으로 흘러나가야 합니다.

세상은 점점 긍휼을 잃어가고 있습니다. 재물이 풍부해도 자신의 유익과 즐거움을 위해 쌓아두고 사용하지, 가난하고 어려운 이웃을 돕는 데는 점점 더 인색해져만 갑니다. 사랑이 식고 삭막해진 세상 가운데서 하나님을 경외하는 예수 믿는 가정은 긍휼의 본을 보여야 합니다. 긍휼을 통해 하나님의 사랑을 세상에 드러내야 합니다.

하나님을 공경하는 것은 곧 가난한 자를 불쌍히 여기는 것입니다. 가난한 사람을 멸시하고 학대하는 사람은 하나님을 멸시하는 죄를 범하는 것입니다.

잠언 21장 13절에 "귀를 막아 가난한 자의 부르짖는 소리를 듣지 아니하면 자기의 부르짖을 때에도 들을 자가 없으리라"고 했습니다. 하나님은 긍휼히 여기는 자를 긍휼히 여기십니다.[마 5:7]

히브리서 13장 16절에 "오직 선을 행함과 서로 나누어 주기를 잊지 말라 하나님은 이 같은 제사를 기뻐하시느니라"고 했습니다. 예수 믿는 사람은 선을 행하고 나누는 예배의 삶을 실천해야 합니다.

신문에 보면 가슴을 따뜻하게 하는 미담들이 종종 소개됩니다. 행상을 하는 가난한 할머니가 평생 한 푼 두 푼 모은 돈을 자신을 위해 사용하지 않고 아낌없이 사회에 기부하는 것을 봅니다. 다른 사람들이 보기에 도움이 필요한 것 같은 처지의 할머니가 오히려 다른 사람을 돕는 것을 볼 때 무엇이 진정 사랑인가를 알게 됩니다.

우리의 가정을 돌아봅시다. 이웃을 돌아보고 있는가, 어려움에 처한 사람들을 바라보며 불쌍히 여기는 마음이 있는가, 긍휼을 실천하고 있는가?

가난한 자를 불쌍히 여기는 지혜가 부모와 자녀들에게 있을 때 하나님을 경외하는 가정으로서 세상의 빛과 소금의 사명을 감당하게 될 것입니다. 강도 만난 자를 불쌍히 여긴 선한 사마리아인과 같은 긍휼이 있는 가정이 됩시다.

> 긍휼을 행하지 아니하는 자에게는 긍휼없는 심판이 있으리라 긍휼은 심판을 이기고 자랑하느니라 약 2:13

평온한 가정

세 번째, 평온한 가정입니다.

30절에 "평온한 마음은 육신의 생명이나 시기는 뼈를 썩게 하느니라"고 했습니다. 마음이 평온하다는 것은 마음이 고요하고 온유하고 평안하다는 것입니다. 가족 한 사람 한 사람이 평온한 마음을 갖게 되면 가정이 평안하게 되고 화목하게 됩니다. 화목한 가정이 행복한 가정이요 지혜로운 가정입니다.

천국은 하나님의 샬롬, 평강이 넘쳐나는 곳입니다. 가족 간의 막힌 담이 하나님의 사랑으로 무너지고 서로를 축복할 때 하나님의 평강이 가정 가운데 임합니다.

잠언 17장 1절에 "마른 떡 한 조각만 있고도 화목하는 것이 제육이 집에 가득하고도 다투는 것보다 나으니라"고 했습니다. 가정에서 최고의 복은 재물에 있지 않습니다. 아무리 호화궁궐 같은 집에 살고 산해진미를 날마다 먹는다 할지라도 서로 싸우고 미워한다면 지옥

같은 가정입니다. 그러나 늘 부족한 가운데 살아간다 할지라도 서로를 아끼고 사랑한다면 천국 같은 가정입니다. 채소를 먹으며 사랑하는 것이 살찐 소를 먹으며 다투고 미워하는 것보다 낫다고 했습니다.

가정이 평온하고 화목하려면 무엇보다도 하나님께 예배하는 가정이 되어야 합니다. 하나님은 예배하는 곳에 평강의 복을 주십니다. 예배 가운데 드리는 찬양과 기도를 통해 하늘의 문이 열리고 천국의 평안이 임하게 됩니다. 이 평안은 세상이 주는 것과 다릅니다. 이 평안은 예수님의 평안입니다. 이 평안이 있을 때 두려움도 근심도 사라지게 됩니다. 혈육으로 맺어진 사랑으로는 부족합니다. 가정의 문제를 해결하지 못합니다. 오직 화목제물이 되신 그리스도의 사랑만이 가정에 진정한 평안을 가져옵니다.

> 오직 위로부터 난 지혜는 첫째 성결하고 다음에 화평하고 관용하고 양순하며 긍휼과 선한 열매가 가득하고 편견과 거짓이 없나니 화평하게 하는 자들은 화평으로 심어 의의 열매를 거두느니라 약 3:17-18

평온한 가정은 하나님으로부터 임하는 지혜에서 나옵니다. 부부간에도, 부모와 자녀 간에도 서로 노하지 않고 조급하지 않고 어리석게 행동하지 않는 지혜를 얻어 가정의 평안을 이루어 가시기를 바랍니다.

지혜는 집을 세우는 것입니다.
지혜로 집을 든든히 세워나가는 가정은 하나님을 경외하는 가정,

가난한 자를 불쌍히 여기는 가정, 그리고 평온한 가정입니다. 이것이 하나님이 바라시는 천국이 임한 가정의 모습입니다.

성도의 가정에는 천국의 기쁨이 넘쳐나는데 세상의 가정은 눈물과 아픔, 한숨과 괴로움, 미움과 다툼 속에 무너져가고 있습니다. 돈 때문에 낙심하고 절망하고 가족관계가 깨어져 서로 원수가 되고 있습니다. 힘든 세상에서 살아갈 소망을 잃어버린 가정들이 날로 늘어가고 있습니다.

하나님은 지혜로 집을 세워나가는 성도의 가정을 통해 어려움에 처한 많은 가정을 천국으로 인도하시기를 원하십니다.

하나님의 꿈을 이루어 드리는 지혜로운 가정이 되기를 바랍니다.

잠언 15장

지혜는
천국 길을 가게 합니다

천국같이 살다가 천국 갑시다

저는 매일 그 날짜에 맞춰 잠언서를 묵상합니다. 2006년 8월 15일, 여느 때처럼 잠언 15장의 말씀을 읽고 있었습니다. 읽어 나가던 중, 24절이 마치 처음 대하는 말씀인 것처럼 제 마음속에 깊은 감동으로 다가왔습니다.

> 지혜로운 자는 위로 향한 생명 길로 말미암음으로 그 아래에 있는 스올을 떠나게 되느니라 잠 15:24

"위로 향한 생명 길"에 눈이 멎었습니다. 순간 마음에 전율이 일어났습니다. '나는 지금 위로 향한 생명의 길, 천국 가는 길로 가고 있는가? 아니면 아래로 향한 사망의 길, 지옥으로 향한 길로 가고 있는가'에 대한 질문이 일어나면서 잠언 15장을 처음부터 다시 깊이 묵상하며 읽기 시작했습니다. 1절에서부터 33절까지 한절 한절 읽어나가는 가운데, 저의 모습은 위로 향한 생명의 길로 가는 것이 아니라 아래로 향하는 사망의 길로 가고 있다는 생각이 들었습니다. 무릎을 꿇고 이 말씀을 붙들고 회개하기 시작했습니다.

물론 예수를 믿으면 의인이 되어 사망에서 생명으로, 지옥에서 천국으로 옮겨져 구원받는 것은 확실합니다. 그러나 천국에 가게 되었다고 이 땅에서 함부로 죄를 짓고 아무렇게나 살아서는 안 됩니다. 예수 믿어 구원받은 자는 이곳에서도 하나님이 원하시는 천국의 삶을 살다가 천국에 가야 합니다. 구원받았다고 하면서 원망하고, 불평하고, 미워하며, 다투는 지옥 같은 삶을 살다가 천국에 가는 것이 아닙니다. 구원받은 성도는 예수를 믿는 그 순간부터 천국에 입성하는 그 날까지 계속해서 생명의 길로 걸어가야 합니다.

이 땅에서의 우리는 천국 가는 순례자입니다. 좌로나 우로나 치우치지 말고 항상 천국의 길을 걸어가야 합니다.

> 그러므로 너희가 그리스도와 함께 다시 살리심을 받았으면 위의 것을 찾으라 거기는 그리스도께서 하나님 우편에 앉아 계시느니라 골 3:1

위의 것을 찾는다는 것은 바로 위로 향한 길, 생명의 길을 걸어간다는 것입니다. 그리스도와 함께 죽고 그리스도와 함께 다시 살리심을 받은 자는 아래로 향하는 사망의 길로 가지 않고 위로 향한 천국의 길을 가야 합니다.

위로 향한 천국의 길을 가게 되면 자연스럽게 아래로 향해 있는 죄악의 길에서 벗어나게 됩니다. 죄를 짓지 않으려고 안간힘을 쓰는 것이 아니라 위로 향한 생명의 길로 가다 보니 자연스럽게 죄악의 자리에서 떠나게 되는 것입니다.

그렇다면 위로 향한 생명의 길을 가는 자, 천국같이 살다가 천국 가는 자의 삶은 어떻게 나타날까요?

천국의 언어

첫 번째, 천국의 말을 합니다.

천국같이 사는 것은 하나님 나라를 이 땅 가운데 이루는 것입니다. 이를 위해 천국의 말을 하며 살아야 합니다.

> 유순한 대답은 분노를 쉬게 하여도 과격한 말은 노를 격동하느니라 잠 15:1

> 지혜 있는 자의 혀는 지식을 선히 베풀고 미련한 자의 입은 미련한 것을 쏟느니라 잠 15:2

> 온순한 혀는 곧 생명 나무이지만 패역한 혀는 마음을 상하게 하느니라 잠 15:4

> 사람은 그 입의 대답으로 말미암아 기쁨을 얻나니 때에 맞는 말이 얼마나 아름다운고 잠 15:23

> 악한 꾀는 여호와께서 미워하시나 선한 말은 정결하니라 잠 15:26

> 의인의 마음은 대답할 말을 깊이 생각하여도 악인의 입은 악을 쏟느니라 잠 15:28

특별히 15장 본문에서는 많은 구절을 할애해 천국의 말을 하며 살아가는 것이 얼마나 중요한지를 우리에게 일깨워 주고 있습니다. 천국의 언어와 지옥의 언어를 분명히 크게 나눠 보여줍니다. 천국의 언어는 유순한 말, 지식을 선히 베푸는 말, 온순한 말, 때에 맞는 말, 선한 말 그리고 깊이 생각하는 말입니다. 반면에 지옥의 언어는 과격한 말, 노를 격동하는 말, 미련한 말, 패역한 말 그리고 악한 말입니다.

야고보 사도도 말의 중요성을 다음과 같이 이야기하고 있습니다.

> 혀는 곧 불이요 불의의 세계라 혀는 우리 지체 중에서 온 몸을 더럽히고 삶의 수레바퀴를 불사르나니 그 사르는 것이 지옥 불에서 나느니라^{약 3:6}

야고보서에서는 혀를 "불", "불의의 세계", "온몸을 더럽히고 삶의 수레바퀴를 불태우는 것"으로 "지옥 불에서 나온다"고 묘사하고 있습니다.

자신이 하는 말을 잘 살펴보아야 합니다. 위로 향한 생명의 길로 가는 자는 천국의 말을 합니다. 다른 사람을 격려하고, 위로하고, 축복합니다. 예수님처럼 학자의 혀를 가지고 곤핍한 자들을 말로 돕습니다. 그러나 아래로 향한 음부의 길을 걷는 자는 지옥에서 나오는 말을 합니다. 추한 말을 일삼고, 거짓말하고, 중상모략하고, 험담하고, 뒷담화하고, 수군거립니다. 자신도 상처받고 다른 사람의 심령도 상하게 합니다.

구원받은 자는 천국의 말을 통해 이 땅에 천국이 임하게 해야 합니다.

악을 악으로, 욕을 욕으로 갚지 말고 도리어 복을 빌라 이를 위하여
너희가 부르심을 받았으니 이는 복을 이어받게 하려 하심이라^{벧전 3:9}

천국의 가정

두 번째, 천국의 가정을 이룹니다.

의인의 집에는 많은 보물이 있어도 악인의 소득은 고통이 되느니라^{잠 15:6}

의인의 집은 구원받은 천국의 가정을 말합니다. 의인의 집에는 많은 보물이 있습니다. 이 보물은 금은보화를 뜻하는 것이 아닙니다.

가산이 적어도 여호와를 경외하는 것이 크게 부하고 번뇌하는 것보다 나으니라^{잠 15:16}

채소를 먹으며 서로 사랑하는 것이 살진 소를 먹으며 서로 미워하는 것보다 나으니라^{잠 15:17}

분을 쉽게 내는 자는 다툼을 일으켜도 노하기를 더디 하는 자는 시비를 그치게 하느니라^{잠 15:18}

지혜로운 아들은 아비를 즐겁게 하여도 미련한 자는 어미를 업신여기느니라^{잠 15:20}

여호와는 교만한 자의 집을 허시며 과부의 지계를 정하시느니라
잠 15:25

이익을 탐하는 자는 자기 집을 해롭게 하나 뇌물을 싫어하는 자는 살게 되느니라 잠 15:27

위의 구절에서 천국 가정의 보물을 발견할 수 있습니다. 여호와를 경외하는 것, 서로 사랑하는 것, 노하기를 더디 하는 것, 부모님에게 순종하는 것, 겸손한 것, 이익을 탐하지 않는 것이 바로 천국 가정의 보물입니다.

로마서 14장 17절에 "하나님의 나라는 먹는 것과 마시는 것이 아니요 오직 성령 안에 있는 의와 평강과 희락이라"고 했습니다. 하나님의 나라가 임한 천국의 가정에는 성령 안에서 의와 평강과 기쁨이 보물이 됩니다.

그와 온 집안이 하나님을 믿으므로 크게 기뻐하니라 행 16:34

천국의 마음

세 번째, 천국의 마음을 품습니다.
천국같이 산다는 것은 마음에 하나님의 나라가 임하는 것입니다. 예수를 믿으면 심령에 하나님이 다스리는 나라, 천국이 임합니다.

마음의 즐거움은 얼굴을 빛나게 하여도 마음의 근심은 심령을 상하게 하느니라 잠 15:13

명철한 자의 마음은 지식을 요구하고 미련한 자의 입은 미련한 것을 즐기느니라 잠 15:14

> 고난 받는 자는 그 날이 다 험악하나 마음이 즐거운 자는 항상 잔치하느니라 잠 15:15
>
> 눈이 밝은 것은 마음을 기쁘게 하고 좋은 기별은 뼈를 윤택하게 하느니라 잠 15:30

위로 향한 생명의 길을 가는 자는 마음에 천국이 임하여 기쁨이 넘쳐납니다. 마음에 빛이 임하고 지혜를 깨닫게 됩니다. 어떤 환란 가운데서도 즐거워하며 고난을 이기게 됩니다. 그 마음은 초상집이 아니라 잔칫집과 같이 즐겁습니다.

그러나 아래로 향한 사망의 길을 가는 자는 마음이 지옥과 같습니다. 근심으로 심령이 상하게 됩니다. 늘 속상해하고 불안해합니다. 미련함에서 벗어나는 것이 아니라 오히려 어리석은 것을 즐기다가 후회하게 됩니다.

누가복음 17장 21절에 "하나님의 나라는 너희 안에 있느니라"고 했습니다. 천국은 우리 마음속에서부터 이루어집니다. 예수의 마음을 품은 자에게 천국이 임합니다.

지혜는 천국 길을 가게 합니다.

성도는 위로 향한 생명 길을 가는 순례자입니다. 이 땅에서 천국같이 살다가 천국에 가는 자입니다. 천국 길을 가는 순례자의 모습은 천국의 말을 하며, 천국의 가정을 이루며, 천국의 마음을 품고 살아가는 것입니다. 이를 위해 항상 기도하며, 하나님을 경외하고, 겸손해야 합니다.

악인의 제사는 여호와께서 미워하셔도 정직한 자의 기도는 그가
기뻐하시느니라 잠 15:8

여호와는 악인을 멀리 하시고 의인의 기도를 들으시느니라 잠 15:29

여호와를 경외하는 것은 지혜의 훈계라 겸손은 존귀의 길잡이니라
잠 15:33

기도의 생활, 하나님을 경외하는 생활, 겸손한 생활을 통해 위로 향한 생명 길을 계속 걸어갈 수 있습니다.
예수의 피로 구속함을 받은 성도는 이 땅에서 천국을 경험하며 살다가 천국에 가는 자입니다. 천국같이 살 때 천국 복음을 전파하며 다른 사람들을 천국으로 인도할 수 있습니다. 지옥같이 살면서 다른 사람을 천국으로 인도할 수 없습니다. 하나님 나라를 위해 산다는 것은 나를 통해 천국을 이웃에게 보여주는 것입니다.

위로 향한 생명 길로 말미암아 그 아래 있는 스올을 떠나게 되느니라 잠 15:24

"주님, 오늘도 위로 향한 생명 길을 걷게 하여 주옵소서.
기도로 경외함으로 겸손함으로 천국의 말을 하고 천국의 가정을 이루며 천국의 심령이 되게 하옵소서.
삶의 현장에서 천국의 풍성함을 드러내게 하옵소서.
저 천성을 향한 순례자의 길을 걸어가는 동안 음부의 권세를 이기게 하옵소서.
이 땅에 하나님 나라가 임하게 하옵소서. 아멘."

잠언 16장

지혜는
은금보다 낫습니다

주 예수보다 더 귀한 것은 없네

잠언 16장에는 '낫다'는 말이 여러 차례 나옵니다.

8절에 "적은 소득이 공의를 겸하면 많은 소득이 불의를 겸한 것보다 나으니라"고 했습니다. 소득이 높다고 다 좋은 것은 아닙니다. 불의한 방법으로 취했다면 높은 소득이라 할지라도 좋은 것이 아닙니다. 적은 소득이라도 성실하게, 정직하게 일을 해서 얻은 것이라면 더 나은 것입니다.

16절에 "지혜를 얻는 것이 금을 얻는 것보다 얼마나 나은고 명철을 얻는 것이 은을 얻는 것보다 더욱 나으니라"고 했습니다. 지혜가 정금보다 낫고 명철이 은을 얻는 것보다 낫다는 것을 깨달아야 합니다.

19절에 "겸손한 자와 함께 하여 마음을 낮추는 것이 교만한 자와 함께하여 탈취물을 나누는 것보다 나으니라"고 했습니다. 이는 겸손한 자의 소득은 교만하여 남의 것을 빼앗아 부를 축적하는 것보다 낫다는 것입니다.

31절과 32절에서는 "백발은 영화의 면류관이라 공의로운 길에서 얻으리라 노하기를 더디하는 자는 용사보다 낫고 자기의 마음을 다스리는 자는 성을 빼앗는 자보다 나으니라"고 했습니다. 일평생 바르게 살며, 화내지 않고 자기 마음을 다스리는 자는 면류관의 상급을 받게 됩니다. 그러나 쉽게 화를 내고, 절제하지 못하고, 자기 마음을 다스리지 못하면 실패한 인생으로 끝나게 됩니다.

불의하게 재물을 모으고, 교만하여 남의 것을 빼앗고, 오직 성공에만 눈이 어두운 것은 지혜가 없기 때문입니다. 은금보다도 귀한 지혜를 얻어야 합니다.

세상의 가르침에서도 지혜를 이야기합니다. 그러나 근본적으로 다른 것은 성경에서 말하는 지혜는 예수님을 말한다는 것입니다.

주 예수보다 더 귀한 것은 없네
이 세상 부귀와 바꿀 수 없네
-찬송가 94장

이 찬송가처럼 세상 부귀와 예수님은 결코 바꿀 수 없습니다. 그러나 안타깝게도 예수님과 부귀를 바꾸는 자들이 많이 있습니다. 지혜가 없기 때문입니다.

은금이 많다고 자랑하지 맙시다. 은금이 없다고 기죽지 맙시다. 우리에게는 참 지혜자 되시는 예수님이 계십니다. 베드로는 "은과 금은 내게 없거니와 내게 있는 이것을 네게 주노니 나사렛 예수 그리스도의 이름으로 일어나 걸으라"행 3:6 고 선포했습니다. 사도 바울은 내 주 그리스도 예수를 아는 지식이 가장 고상하기 때문에 모든 것을 다 배설물로 여긴다고 고백했습니다.빌 3:8 은금을 구하기보다는 지혜를 구했던 솔로몬은 하나님께 칭찬을 받고 구하지 않았던 은금도 풍성히 받았습니다.

모든 일에는 우선순위가 있습니다. 지혜를 구하십시오. 예수님을 사모하십시오. 이것이 은금을 구하는 것보다 낫습니다. 눈에 보이는 것, 손에 잡히는 것 때문에 염려하거나 근심하지 마십시오. 감사하십시오.

기도할 때 얻는 지혜

그 무엇보다도 귀한 참 좋은 지혜는 어떻게 얻을 수 있을까요?

첫 번째, 기도를 통해서 지혜를 얻을 수 있습니다.

3절에서 "너의 행사를 여호와께 맡기라 그리하면 네가 경영하는 것이 이루어지리라"고 했습니다. 여호와께 맡긴다는 것은 하나님을 신뢰하며 기도한다는 것입니다. '맡기라'는 것은 마치 무거운 돌을 지고 있다가 산 위에서 그 돌을 산 아래로 굴려 버리는 것을 말합니다. 기도하면 어깨에서 무거운 짐이 떠나가게 됩니다. 가정, 자녀, 직장, 사업, 신앙생활의 문제들을 짐으로 지고 있지 마십시오. 믿음으로 무거운 짐을 하나님께 맡기십시오.

마음의 경영은 사람에게 있어도 말의 응답은 여호와께로부터 나옵니다.^{잠 16:1} 계획하고 꿈을 꾸십시오. 그리고 기도하십시오. 응답은 하나님께로부터 옵니다.

> 네 길을 여호와께 맡기라 그를 의지하면 그가 이루시고 네 의를 빛 같이 나타내시며 네 공의를 정오의 빛 같이 하시리로다 ^{시 37:5-6}

네 짐을 여호와께 맡기라 그가 너를 붙드시고 의인의 요동함을 영
원히 허락하지 아니하시리로다 시 55:22

너희 염려를 다 주께 맡기라 이는 그가 너희를 돌보심이라 벧전 5:7

성경은 계속해서 "맡기라"고 권고하고 있습니다. 사람이 계획할지라도 하나님이 도와주셔야 합니다. 하나님은 기도하는 자를 도와주시고 그의 발걸음을 인도해 주십니다. 9절에 "사람이 마음으로 자기의 길을 계획할지라도 그의 걸음을 인도하시는 이는 하나님이시라"고 했습니다.

믿음으로 하지 않는 일은 처음에는 잘 되는 듯 보일 수도 있지만, 결국 끝에 가서는 더욱 힘들어지게 됩니다. 어떤 길은 사람이 보기에 바르나 필경은 사망의 길잠 16:25이기 때문입니다.

우리는 먼저 믿고 기도해야 합니다. 그래야 하나님께서 지혜를 주십니다. 야고보 사도는 "너희 중에 누구든지 지혜가 부족하거든 모든 사람에게 후히 주시고 꾸짖지 아니하시는 하나님께 구하라 그리하면 주시리라"약 1:5고 말하고 있습니다. 자기의 부족을 깨닫고 기도하면서 지혜를 구하면 하나님은 다니엘과 같은 탁월한 지혜를 주십니다. 다니엘은 기도하여 다른 사람보다 열 배나 뛰어난 지혜를 얻었습니다.

어떤 분이 하늘나라에 갔습니다. 한 천사가 그에게 선물로 가득 차 있는 창고를 보여주었습니다. 예쁜 선물 꾸러미에는 사람들의 이름이 씌어 있었습니다. 자기 이름이 기록된 선물을 발견하고는 천사에게 물었습니다. "왜 이 선물은 제가 받지 못했나요?" 천사가 대답했

습니다. "기도해야 받을 수 있지요." 천국의 창고에는 기도하지 않아 받지 못한 온갖 선물들이 가득 쌓여 있다는 예화입니다.

하나님은 믿고 맡기는 자에게 지혜를 주십니다. 자녀를 어떻게 양육할 것인가, 지금의 어려운 일을 어떻게 헤쳐나갈 것인가 근심하지 마십시오. 염려를 기도 제목으로 바꾸어 하나님께 간구하십시오. 하나님께서 필요한 모든 지혜와 명철을 주실 것입니다. 하나님의 손에 모든 것이 달려 있습니다. 절대적인 하나님의 주권에 맡기십시오. 나의 앞날이 주의 손에 있다는 것을 기억하고 믿음을 통해 삶의 지혜를 얻으시기 바랍니다.시 31:15

> 제비는 사람이 뽑으나 모든 일을 작정하기는 여호와께 있느니라
> 잠 16:33

> 부와 귀가 주께로 말미암고 또 주는 만물의 주재가 되사 손에 권세와 능력이 있사오니 모든 사람을 크게 하심과 강하게 하심이 주의 손에 있나이다 대상 29:12

말씀에 주의할 때 얻는 지혜

두 번째, 하나님의 말씀을 통해 지혜를 얻을 수 있습니다.

20절에 "삼가 말씀에 주의하는 자는 좋은 것을 얻나니 여호와를 의지하는 자는 복이 있느니라"고 했습니다. 말씀에서 나오는 지혜와 명철이 사람을 슬기롭게 합니다. 말씀에 주의하는 것은 여호와를 의지하는 것입니다. 의지한다는 것은 어떤 일을 할 때 내 생각대로 일을 처리하는 것이 아니라 하나님의 말씀을 기준으로 삼아 행하는 것입

니다. 말씀을 읽고, 듣고, 지키는 자가 복이 있다는 것은 말씀에 주의할 때 지혜를 얻을 수 있다는 말입니다.

22절에 "명철의 말씀은 곧 생명의 샘"이라고 했습니다. 하나님의 말씀은 영생하도록 솟아나는 샘물과도 같습니다.

24절에 "선한 말은 꿀 송이 같아서 마음에 달고 뼈에 양약이 된다"고 했습니다. 선한 말은 복된 말씀입니다. 이 말씀은 꿀 송이와 같습니다. 말씀은 읽는 자에게 꿀과 같이 달아서 그 마음을 즐겁게 합니다. 마음의 즐거움은 몸에 좋은 약이 됩니다. 시편 119편 103절에서도 "주의 말씀의 맛이 내게 어찌 그리 단지요 내 입에 꿀보다 더 다니이다"라고 했습니다.

고린도전서 12장 8절에 성령 충만하게 되면 지혜의 말씀, 지식의 말씀이 은사로 온다고 했습니다. 디모데후서 3장 15절에서도 "네가 어려서부터 성경을 알았나니 이 성경은 그리스도 예수 안에 있는 믿음으로 말미암아 구원에 이르는 지혜가 있게 한다"고 했고, 골로새서 3장 16절에서도 "그리스도의 말씀이 너희 속에 풍성히 거하여 모든 지혜로 피차 가르치며 권면하고 감사하는 마음으로 하나님을 찬양하라"고 했습니다.

> 말씀을 멸시하는 자는 자기에게 패망을 이루고 계명을 두려워하는 자는 상을 받느니라 잠 13:13

지혜는 은금보다 더 낫습니다.

은금보다 더 나은 이 지혜가 어디서 옵니까? 하나님께 모든 것을 맡기고 기도할 때 얻게 됩니다. 하나님의 살아있는 말씀에 주의할 때 받게 됩니다.

전능하신 하나님을 온전히 신뢰하고 믿음으로 기도하십시오.

삼가 말씀에 주의하여 주의 말씀을 꿀 송이같이 달게 여기십시오.

은금보다 더 나은 지혜가 당신의 것이 될 것입니다.

잠언 17장

지혜는
변화를 가져옵니다

삶에서 지혜의 적용

지혜는 뜬구름을 잡는 것이 아닙니다. 단순한 지식이 아닙니다. 어떤 사상이나 처세술도 아니고 삶의 현장에서 점점 하나님의 뜻을 이루어 나가는 능력입니다. 언어생활, 가정생활, 친구 관계, 신앙생활에서 하나님의 뜻을 이루는 것이 지혜의 능력입니다. 지혜는 삶을 변화시킵니다. 당신을 참 제자의 삶을 살게 하고, 세상의 소금으로 빛으로 살게 합니다. 세상을 살아간다는 것이 그렇게 녹록지 않을 수 있습니다. 때로 낙심하고 다투며 미워할 수밖에 없는 상황에 처할 수 있습니다. 그러하더라도 예수 믿는 사람은 오히려 희망을 품고 사랑하며 하나님의 뜻을 이루어 나갈 수 있습니다. 물이 포도주로 바뀌듯이 지혜는 사람을 바꾸는 변화의 능력이 있습니다.

지혜는 생각이나 말에만 머물러 있는 것이 아니라 구체적인 삶의 열매로 나타나야 합니다. 살아갈수록 지혜의 열매가 맺어져야 합니다. 씨앗에서 시작한 싹이 시간이 지나면 열매를 맺어 추수하게 되는 것처럼 우리의 인생도, 신앙도 같습니다. 지혜로 인해 삶 속에 예수의 열매, 성령의 열매, 천국의 열매가 맺어져야 합니다.

지혜의 열매, 화목

첫 번째 열매는 화목입니다.
지혜는 다툴 수밖에 없는 가운데서도 서로를 화목하게 만듭니다.

> 마른 떡 한 조각만 있고도 화목하는 것이 제육이 집에 가득하고도 다투는 것보다 나으니라 잠 17:1

집에 진수성찬이 매일 차려진다 할지라도 감사하지 못하고 서로 싸우고 다툰다면 복이 아니라 재앙일 것입니다. 차라리 마른 빵 한 조각만 가지고도 서로 나누며 화목하게 지내는 것이 복이요 지혜입니다. 지혜는 다투는 사람을 화목케 하는 사람으로 변화시킵니다. 로마서 12장 18절에 "할 수만 있으면 모든 사람과 더불어 화평하라"고 했습니다.

고린도후서 5장 17절에 보면 "그런즉 누구든지 그리스도 안에 있으면 새로운 피조물이라 이전 것은 지나갔으니 보라 새 것이 되었도다"라고 말합니다. 이어 18절과 19절에서 우리가 새로운 피조물이 되었다는 것은 화목하게 하는 사람이 되었다고 설명하고 있습니다. 하나님은 그리스도로 말미암아 우리를 자기와 화목하게 하시고 또 우리에게 화목하게 하는 직책을 주셨습니다. 시기와 다툼이 가득한 이 세상에 살면서 그리스도인들은 화평케 하는 자로서의 사명을 감당해야 합니다.

모든 것이 하나님께로 났으며 그가 그리스도로 말미암아 우리를 자기와 화목하게 하시고 또 우리에게 화목하게 하는 직분을 주셨으니 곧 하나님께서 그리스도 안에 계시사 세상을 자기와 화목하게 하시며 그들의 죄를 그들에게 돌리지 아니하시고 화목하게 하는 말씀을 우리에게 부탁하셨느니라 그러므로 우리가 그리스도를 대신하여 사신이 되어 하나님이 우리를 통하여 너희를 권면하시는 것 같이 그리스도를 대신하여 간청하노니 너희는 하나님과 화목하라 고후 5:18-20

지혜의 열매, 사랑

두 번째 열매는 사랑입니다.

사랑은 이웃 관계에서 맺는 열매입니다. 지혜는 사랑할 수 없는 가운데서도 사랑할 수 있도록 도와줍니다. 내 힘으로 사랑하는 것이 아닙니다. 하나님의 은혜로 지혜가 내 속에서 역사하여 사랑하는 것입니다.

> 허물을 덮어 주는 자는 사랑을 구하는 자요 그것을 거듭 말하는 자는 친한 벗을 이간하는 자니라 잠 17:9

사랑을 추구하는 자는 남의 허물을 들추고, 흉보고, 비난하지 않습니다. 다른 사람의 허물이나 실수를 거듭 말하는 자는 친구 사이를 갈라놓고 원수로 만듭니다.

17절에 "친구는 사랑이 끊어지지 아니하고 형제는 위급한 때를 위하여 났느니라"고 했습니다. 사랑은 고난 가운데서 더욱 빛을 발휘

합니다. 이웃이 위급한 상황을 만났을 때 외면하지 않고 도와줍니다. 평안한 가운데서만 사랑하는 것이 아니라 어떤 상황에서도 변함없이 사랑하는 것이 진정한 사랑입니다.

마가복음 12장 33절에 "마음을 다하고 지혜를 다하고 힘을 다하여 하나님을 사랑하고 네 이웃을 자기자신과 같이 사랑하라"고 했습니다. 지혜는 반드시 사랑의 열매를 맺습니다. 말과 혀로만 사랑하는 것이 아니라 사랑을 실천하는 것요일 3:18이 바로 지혜의 능력입니다.

지혜의 열매, 기쁨

세 번째 열매는 기쁨입니다.

절망할 수밖에 없고, 포기할 수밖에 없는 상황 가운데서도 기뻐하고, 즐거워하는 것이 지혜입니다.

> 미련한 자를 낳는 자는 근심을 당하나니 미련한 자의 아비는 낙이 없느니라 마음의 즐거움은 양약이라도 심령의 근심은 뼈를 마르게 하느니라 잠 17:21-22

근심할 수 밖에 없고 아무 낙이 없습니까? '내 인생이 왜 이렇게 됐을까?' 하는 우울한 생각, 슬픈 마음이 듭니까? 지혜는 당신을 변화시킬 수 있습니다. 모든 상황을 딛고 오히려 기뻐할 수 있고 희망을 가질 수 있도록 당신을 돕습니다. 즐거움의 양약은 사람을 고칩니다. 지혜의 기쁨이 바로 양약입니다.

25절에 "미련한 아들은 그 아비의 근심이 되고 그 어미의 고통이 되느니라"고 했습니다. 그러나 지혜가 있으면, 근심과 고통 가운데서도 기쁘고 즐거워할 수 있습니다. 근심이 있다고 그대로 근심하고, 고통이 있다고 그대로 힘들어한다면 그것은 지혜가 아닙니다. 그 가운데서도 삶의 의미를 찾고, 하나님의 뜻을 찾고, 믿음으로 살아내는 능력이 바로 지혜입니다. 항상 기뻐하는 것이 지혜입니다.

여기서 이야기하는 기쁨은 세상의 쾌락이 아닙니다. 함부로 말을 하며 남을 무시하는 이기적인 기쁨이 아닙니다. 이웃을 생각하고 덕을 세우는 절제 있는 기쁨입니다.

> 여호와로 인하여 기뻐하는 것이 너희의 힘이니라 느 8:10
>
> 그리스도는 하나님의 능력이요 하나님의 지혜니라 고전 1:24

지혜는 변화를 가져옵니다.

지혜는 삶과 동떨어진 막연한 이상이 아닙니다.

다투고, 미워하고, 낙심할 수밖에 없는 어려운 삶의 현장에서도 아름다운 열매를 맺게 합니다.

서로 화목하고 이웃을 사랑하며 항상 기뻐하는 것이 바로 지혜의 열매요 능력입니다.

잠언 18장

지혜는
주의 이름을
부르는 것입니다

여호와의 이름, 예수님의 이름으로 달려가서

여호와의 이름은 견고한 망대라 의인은 그리로 달려가서 안전함
을 얻느니라 잠 18:10

강한 망대, 강한 성루. 이는 바로 여호와의 이름입니다.
10절의 의미는 여호와의 이름에 구원이 있다는 것입니다. 안전함을 얻는다는 것은 구원을 얻는 것을 말합니다.
요엘서 2장 32절에 "누구든지 여호와의 이름을 부르는 자는 구원을 얻으리라"는 말씀이 나옵니다. 이것은 장차 구원자 메시아가 오는데 여호와의 이름을 가지고 올 것이라는 예언입니다. 베드로는 오순절에 성령이 강림하셨을 때, 바로 이 말씀을 인용하여 설교했습니다. 이것이 사도행전 2장 21절의 말씀입니다. 여호와의 이름을 가지고, 주의 이름을 가지고 오신 분이 '예수'라고 증명했습니다. 예수의 이름에는 구원이 있습니다. 마 1:21 예수의 이름을 부르는 자는 구원을 얻습니다. 여호와의 이름은 바로 예수의 이름입니다. 예수의 이름은

견고한 망대입니다.

우리가 어떻게 의인이 되었습니까? 주의 이름을 불러서, 믿어서, 의지했기 때문입니다. 로마서 10장 13절 말씀에도 "누구든지 주의 이름을 부르는 자는 구원을 받으리라"고 했습니다. 죄에서 구원을 얻으며 지옥의 권세, 사탄, 슬픔, 모든 어려움에서 건짐을 받는 것이 바로 여호와의 이름, 예수의 이름에 있습니다.

> 주 예수를 믿으라 그리하면 너와 네 집이 구원을 받으리라 ^{행 16:31}

그 어떤 이름도 구원 얻을만한 견고한 망대가 아닙니다. 이 세상에서 구원 얻을만한 이름은 예수의 이름밖에 없습니다.^{행 4:12} 의인은 그 이름으로 달려가서 안전함을 얻고 구원함을 얻습니다.

미련으로부터의 구원

첫 번째, 미련에서 구원을 얻습니다.

> 무리에서 스스로 갈라지는 자는 자기 소욕을 따르는 자라 온갖 참 지혜를 배척하느니라 미련한 자는 명철을 기뻐하지 아니하고 자기의 의사를 드러내기만 기뻐하느니라 ^{잠 18:1-2}

이러한 자들이 미련한 자입니다. 이기적인 자, 남의 의견을 무시하고 자기주장만 내세우는 자, 다른 사람들과 어울리지 못하는 자, 자기 욕심만 채우려고 하는 자, 자기 이익에만 관심이 있는 자가 바로 미련한 자입니다. 이런 자는 자기 뜻이 관철되지 않으면, 협조하지도 않고 배척하고 스스로 갈라섭니다.

13절에 "사연을 듣기 전에 대답하는 자는 미련하여 욕을 당하느니라"고 했습니다. 상대방의 이야기를 귀담아들은 후 대답해야 하는데 말이 끝나기도 전에 일방적으로 자기 생각을 말하는 사람은 미련한 자입니다. 이러한 사람은 수치와 수모를 당할 것입니다.

> 명철한 사람의 입의 말은 깊은 물과 같고 지혜의 샘은 솟구쳐 흐르는 내와 같으니라 잠 18:4
>
> 미련한 자의 입술은 다툼을 일으키고 그의 입은 매를 자청하느니라 잠 18:6
>
> 미련한 자의 입은 그의 멸망이 되고 그의 입술은 그의 영혼의 그물이 되느니라 잠 18:7
>
> 남의 말하기를 좋아하는 자의 말은 별식과 같아서 뱃속 깊은 데로 내려가느니라 잠 18:8
>
> 죽고 사는 것이 혀의 힘에 달렸나니 혀를 쓰기 좋아하는 자는 혀의 열매를 먹으리라 잠 18:21

미련한 자의 입술은 싸움을 일으키고 매를 자초합니다. 자기 의견만 내세우고, 함부로 말을 합니다. 남의 이야기 하는 것을 좋아하고 별식같이 즐깁니다. 이런 자는 삶이 어려워지게 되고 마지막에 불행해집니다. 죽고 사는 것이 말의 힘에 달려있기 때문에 나도 살고 다른 사람도 살리기 위해 지혜롭게 말해야 합니다.

미련한 입술에서 해방되기를 바랍니다. 잠언서는 지혜뿐만 아니라 미련함에 대해서도 많이 이야기하고 있습니다. '미련함'에서 구원되는 것이 얼마나 중요한지를 강조하고 있습니다. 원문에 보면 '미련하다'라는 단어는 '바보' 또는 '살이 찐'이라는 뜻을 갖고 있습니다. 시편 119편 70절에 보면 마음이 살쪄서 기름 덩어리 같다는 말씀이 있습니다. 마음이 둔하여 깨닫지 못하고 무감각한 상태를 말합니다.

언젠가 '미련'이라는 단어가 포함되어 있는 잠언의 구절을 다 적어 보고는 깜짝 놀란 일이 있습니다. 개역 개정에 75번이나 나옵니다. 정말 구원을 받으려면 다른 무엇보다도 미련함의 죄에서 구원을 받아야 되겠다는 생각이 들었습니다. 잠언 27장 22절에 보면 "미련한 자를 곡물과 함께 절구에 넣고 공이로 찧을지라도 그의 미련은 벗겨지지 아니하느니라"고 했습니다. 사람의 미련함은 그 무엇으로도 해결할 수 없다는 것입니다.

오직 '예수의 이름', '예수의 보혈', '성령의 능력'으로만 미련함에서 벗어날 수 있습니다. 힘으로 능으로도 안 됩니다. 오직 성령으로만 됩니다.슥 4:6

미련한 죄에서 구원할 자는 오직 예수밖에 없습니다. 의인은 예수의 이름으로 미련함에서 구원받은 자입니다.

교만으로부터의 구원

두 번째, 교만에서 구원을 얻습니다.

부자의 재물은 그의 견고한 성이라 그가 높은 성벽 같이 여기느

니라 사람의 마음의 교만은 멸망의 선봉이요 겸손은 존귀의 길잡이니라 잠 18:11-12

교만한 자는 재물에 대하여 자신을 보호하는 높은 성벽같이 여깁니다. 그래서 교만한 자는 예수를 믿지 않고, 그 이름 앞에 달려가지도 않습니다. 교만한 자는 주의 이름을 부르지도 않습니다. 교만은 멸망의 선봉입니다. 그러나 겸손은 존귀의 길잡이입니다. 잠언 16장 18절에도 "교만은 패망의 선봉이요 거만한 마음은 넘어짐의 앞잡이니라"고 말하고 있습니다. 디모데전서 3장 6절에 교만하면 마귀의 정죄에 빠진다고 했습니다. 교만한 자가 망할 수밖에 없는 것은 마귀의 정죄에 빠지기 때문입니다. 마귀는 예수님을 믿지 않습니다. 예수의 이름을 믿지 않는 사람은 마귀와 같이 교만에 빠진 자입니다.

교만함에서 구원을 얻어 겸손해야 하는데, 이 겸손을 도덕적으로만 이해해서는 안 됩니다. 지혜자의 겸손은 그 근거가 예수님의 성품에 있습니다. 예수님이 겸손입니다. 마태복음 11장 29절에 예수님은 "나는 마음이 온유하고 겸손하니"라고 하셨습니다. 겸손하신 예수님을 믿는 자는 모두 다 의인이요, 겸손한 자입니다.

베드로전서 5장 5절에도 하나님은 교만한 자를 대적하시고 겸손한 자에게 은혜를 주신다고 했습니다. 야고보서 4장 6절에 하나님은 교만한 자를 물리치시고 겸손한 자에게 더욱 큰 은혜를 주신다고 했습니다.

예수 이름을 부르는 자가 의인이요 겸손한 자입니다. 속지 마십시오. 때로는 교만한 모습이 우리에게 나타날 수 있겠지만, 그것은 실체가 아닌 허상입니다. 마귀가 틈타는 것입니다. 그때마다 "교만의 영은 떠나갈지어다"라고 대적하십시오. 주의 이름을 부르며 망대로 달려가십시오. 교만에서 벗어나 겸손하게 될 것입니다.

질병으로부터의 구원

세 번째, 질병에서 구원을 얻습니다.

14절 말씀입니다. "사람의 심령은 그의 병을 능히 이기려니와 심령이 상하면 그것을 누가 일으키겠느냐" 두 번 반복되는 심령이라는 단어는 원문에 보면 남성형과 여성형으로 다르게 표기돼 있습니다. 첫 번째 나오는 병을 고치는 심령은 강함을 나타내는 남성명사를 사용했고, 두 번째 나오는 상한 심령은 연약함을 상징하는 여성명사를 사용했습니다.

질병이 있을 때 의지가 꺾이고 마음이 연약해지기 쉽습니다. 질병으로 인해 낙심하고 절망하기 쉽습니다. 그러나 병보다도 더 무서운 것이 낙담, 절망입니다. 이것은 심령의 쓴 뿌리가 됩니다. 히브리서 12장 15절 말씀처럼 쓴뿌리가 생기면 은혜가 임할 수 없습니다. 괴로움에서 벗어날 수 없습니다. 마음이 연약해지면 질병에서 고침 받기 어렵습니다.

마음을 강하고 담대히 하십시오. 낙심하거나 좌절하지 마십시오. 여호와의 이름은 견고한 망대입니다. 의인은 그리로 달려가서 안전함, 즉 건강함을 얻습니다. 강하고 담대한 심령은 질병을 능히 이깁니다. 심령이 약해져 상하면 하나님도 일으키지 못합니다. 질병이 나를 이기는 것이 아니라, 내 심령이 병을 이겨버리게 하십시오.

이사야 53장 5절에 "그가 찔림은 우리의 허물 때문이요 그가 상함은 우리의 죄악 때문이라 그가 징계를 받으므로 우리는 평화를 누리고 그가 채찍에 맞으므로 우리는 나음을 받았도다"라고 했습니다. 우리는 이미 나음을 받았습니다.

베드로전서 2장 24절에 "친히 나무에 달려 그 몸으로 우리 죄를 담당하셨으니 이는 우리로 죄에 대하여 죽고 의에 대하여 살게 하려 하심이라 그가 채찍에 맞음으로 너희는 나음을 얻었나니"라고 했습니다. 예수님은 죄에서 구원할 뿐만 아니라 질병에서도 구원하기 위해서 십자가에 매달리셨습니다. 마태복음 8장 17절에 우리의 병을 짊어지시고 연약한 것을 담당하셨다고 했습니다.

예수의 이름에 건강이 있습니다. 사도행전 4장 10절은 40세 된 앉은뱅이가 고침을 받은 이야기를 하고 있습니다. "너희와 모든 이스라엘 백성들은 알라 너희가 십자가에 못 박고 하나님이 죽은 자 가운데서 살리신 나사렛 예수 그리스도의 이름으로 이 사람이 건강하게 되어 너희 앞에 섰느니라" 40년 동안 질병 가운데 있는 자도 예수 이름으로 건강하게 되었습니다.

예수의 이름으로 마음의 질병도 고침 받게 되기를 바랍니다. 재정의 질병도, 믿음의 질병도 고침 받게 되기를 바랍니다. 예수의 이름을 부르면 어둠이 물러가고 기적이 일어납니다. 성령이 역사하고, 능력의 말씀, 즉 레마^{Rema}가 역사합니다.

지혜는 주의 이름을 부르는 것입니다.
예수의 이름이 견고한 망대입니다.

의인은 주의 이름을 부르며 주께 달려가서 안전함을 얻습니다. 평안을 얻습니다.

미련한 자가 명철하게 되고, 교만한 자가 겸손하게 되고, 질병에서 강건함으로 바뀌게 됩니다.

잠언 19장

지혜는
자기 영혼을
사랑하는 것입니다

자기 영혼을 사랑하는 지혜

> 지혜를 얻는 자는 자기 영혼을 사랑하고 명철을 지키는 자는 복을 얻느니라 잠 19:8

복 중의 복은 자기 영혼을 사랑하는 것입니다.

내가 내 영혼을 사랑한다면 모든 것을 삼가게 될 것입니다. 하나님을 믿을 수밖에 없고, 예수님을 믿을 수밖에 없고, 서로 사랑할 수밖에 없습니다.

사람들이 왜 죄를 짓습니까? 죄의 결과가 뻔한데도 그 길로 가는 것은 자기를 경시하기 때문입니다. 스스로 귀하게 여겨야 합니다. 자기가 누구인가를 깨닫고 사랑해야 합니다. 자기를 무시하면 안 됩니다. 열등의식을 버려야 합니다.

가장 큰 계명은 하나님을 사랑하는 것이고, 둘째는 이웃사랑인데 네 이웃을 네 몸과 같이 사랑하라고 했습니다. 자기를 귀하게 여기지 못하니까 남도 귀하게 여기지 못합니다. 이기주의는 자기를 사랑하는 것이 아니라 자기를 미워하는 것입니다. 자기를 부인하는 것과 자기를 사랑하는 것을 혼돈하면 안 됩니다. 자기를 부인하는 것은 욕심을 부인하는 것입니다. 그런 면에서 자기를 사랑하지 말라는 것입니다. 주님 안에서 나의 신분과 정체성을 깨달아야 합니다. 우리는 예수의 핏값으로 구원받은 존재입니다. 이것을 알 때 내가 귀하고 다른 사람도 귀하게 여겨집니다. 이것이 지혜와 명철입니다.

반대로 미련은 자기를 가볍게 여기는 것입니다. '나 같은 게 뭘 할 수 있겠는가?', '난 배운 것도 없고, 가진 것도 없고, 아는 것도 없고, 생긴 것도 그렇고, 집안 배경도 그렇고…'

이것은 전부 미련한 생각입니다. 자기를 천하게 여기면 아무렇게나 살게 됩니다. 옷도 아무렇게나 입고, 생각도 아무렇게나 하고, 방종과 방탕의 삶을 살게 됩니다.

훈계를 싫어하는 자는 자기 영혼을 가볍게 여깁니다.잠 15:32 훈계를 싫어하는 자가 미련한 자입니다. 미련한 자는 자기 영혼을 가볍게 여기지만, 지혜로운 자는 자기 영혼을 사랑합니다.

1절에 '미련'이 나옵니다. "가난하여도 성실하게 행하는 자는 입술이 패역하고 미련한 자보다 나으니라"고 했습니다.

입술이 패역한 것은 하나님을 원망하는 것입니다.잠 19:3 거짓말하는 것입니다.잠 19:9 미련한 자는 사치하여 돈을 다 써버립니다.잠 19:10 게으르고잠 19:9, 부모에게 불효하고잠 19:26, 거만합니다.잠 19:29 이 모든 것은 다 자기를 가볍게 여기는 데서 나오는 미련함과 악함입니다.

자기 영혼을 존귀하게 여겨야 합니다. 하나님은 우리를 사랑하십니다. 보배롭게 여기십니다. 우리는 하나님 눈에 넣어도 아프지 않을

하나님의 귀염둥이입니다. 사 43:4 공동번역

하나님이 나를 사랑하는 것처럼, 나도 나 자신을 사랑해야 합니다. 영적인 자존감이 있어야 자신감도 생기고 삶에 의욕도 생깁니다. 그럴 때 충성하고 싶은 마음도 생기고, 할 수 있다는 믿음도 생기고, 또 그렇게 살 수 있습니다. 그때부터 변화가 일어납니다.

용서하는 지혜

지혜가 있어 자기 영혼을 사랑하는 자의 열매는 무엇입니까?
첫 번째, 다른 사람의 허물을 용서하는 것입니다.

> 노하기를 더디 하는 것이 사람의 슬기요 허물을 용서하는 것이 자기의 영광이니라 잠 19:11

내 영광은 다른 것이 아닙니다. 누가 나에 대해 악담을 하거나, 오해를 하거나, 나에게 실수를 하거나, 나쁜 짓을 하거나 죄를 범했을 때, 화를 내는 것이 아니라 용서해 주는 것입니다. 화내고, 신경질 내고, 싸우고, 수년이 지나도록 용서하지 않는다면 그것은 자기의 수치입니다.

자기를 경히 여기니까 자존감이 없고, 자신이 없으니까 항상 수비 자세를 취하고, 누가 나의 잘못을 알게 되지는 않나, 누가 내 수치를 들춰내지는 않나 경계합니다. 상처가 나면 조금만 건드려도 아픈 것처럼 누가 한마디만 해도 화를 내고 싸우려 듭니다. 자신의 영혼을 사랑하면 화내지 않습니다. 오히려 용서하게 됩니다.

> 서로 친절하게 하며 불쌍히 여기며 서로 용서하기를 하나님이 그리스도 안에서 너희를 용서하심과 같이 하라 엡 4: 32

주님이 우리를 불쌍히 여긴 것처럼 서로 인자함으로 불쌍히 여기고 용서하기를 바랍니다. 골로새서 3장 13절에 주님이 나를 용서하신 것처럼 그렇게 용서합시다.

용서는 다른 사람을 위해서뿐만 아니라 나를 위해서도 하는 것입니다. 허물을 용서하는 것이 나의 영광입니다. 이 영광을 빼앗기지 않기를 바랍니다. 이 존귀한 면류관을 빼앗기지 않기를 바랍니다.

용서하면 마음이 평안합니다. 용서하지 않으면 마음이 불편합니다. 하나님이 우리를 그렇게 지으셨습니다.

마태복음 6장 12절에서 예수님이 "우리가 우리에게 죄 지은 자를 사하여 준 것 같이 우리 죄를 사하여 주시옵고"라고 하시고, 이어서 "너희가 사람의 허물을 용서하지 아니하면 하늘 아버지께서는 너희 죄를 용서하지 아니하시리라"고 말씀하셨습니다.

우리가 다른 사람을 용서하면 하나님 아버지께서도 우리의 죄를 용서하십니다. 땅에서 묶으면 하늘에서도 묶이고, 땅에서 풀면 하늘에서도 풀립니다.

마태복음 18장 21절에 보면 베드로가 예수님께 몇 번 용서하면 되겠냐고 물었습니다. "일곱 번 하면 되겠습니까?" 예수님은 "아니다. 일흔 번씩 일곱 번 용서하라"고 대답하셨는데, 성경에서 7은 완전수입니다. 이 말은 끝도 없이 용서하라는 것입니다. 주님이 일만 달란트를 빚진 것과 같은 우리의 죄를 용서해 주셨는데, 용서받은 우리가 백 데나리온 빚진 자의 잘못을 용서하지 않고 멱살을 잡으면 안 됩니다.

하늘 아버지께서 우리를 불쌍히 여기시듯이 우리도 불쌍히 여겨야 합니다. 이것이 나의 영광이요, 나의 지혜입니다. 이것이 나의 영혼을 사랑하는 것입니다.

계명을 지키는 지혜

두 번째, 계명을 지키는 것입니다.

> 계명을 지키는 자는 자기 영혼을 지키거니와 자기 행실을 삼가지 아니하는 자는 죽으리라 잠 19:16

자기 영혼을 경히 여기는 자는 말씀에서 벗어나 자기 마음대로 살다가 불행한 죽음을 맞이합니다. 어리석은 자입니다. 그러나 자기 영혼을 사랑하는 자는 계명을 지킵니다. 악한 세상에서, 음란하고 패역한 세대에서 자신을 지켜 말씀을 따라 살아갑니다.

우리가 잘살려고 아무리 이런저런 계획을 세워 보아도 하나님의 뜻만이 온전히 서게 됩니다. 말씀 안에 하나님의 뜻이 다 있습니다. 계명 안에 다 있습니다. 계명은 우리를 위한 복된 명령입니다. 계명대로 살면 복이 있고, 불순종하면 화를 당합니다. 신명기 5장 10절에서 하나님은 자신을 사랑하고 계명을 지키는 자에게 천대까지 은혜를 베풀겠다고 약속하십니다. 나의 계획대로 살지 말고 하나님의 뜻대로, 말씀대로 살기를 바랍니다.

하나님을 경외하면 하나님의 말씀을 듣습니다. 23절에 "여호와를 경외하는 것은 사람으로 생명에 이르게 하는 것이라 경외하는 자는 족하게 지내고 재앙을 당하지 아니하느니라"고 했습니다. 하나님을 경외하고 말씀에 순종하는 것이 곧 내 영혼을 사랑하는 것입니다.

인자를 베푸는 지혜

세 번째, 인자仁慈를 베푸는 것입니다.

> 사람은 자기의 인자함으로 남에게 사모함을 받느니라 가난한 자는 거짓말하는 자보다 나으니라 잠 19:22

22절의 각주를 보면 "인자를 베푸는 것이 사람의 즐거움이니라"고 씌어 있습니다. 나의 즐거움이 무엇입니까? 인자를 베푸는 것입니다. 내가 내 영혼을 사랑하면 인자를 베풀게 됩니다. 기쁨 충만, 감사 충만, 은혜 충만을 경험하게 됩니다.

히브리어로 인자는 '헷세드'라고 합니다. '헷세드'는 하나님의 실패함이 없는 영원한 사랑을 의미합니다. 시편 63편 3절에 "주의 인자하심이 생명보다 나으므로 내 입술이 주를 찬양할 것이라"고 했습니다. 주의 인자하심, 영원한 사랑이 목숨보다도 귀하다는 것을 깨달을 때 넘치는 기쁨으로 하나님을 찬송하게 됩니다. 주의 인자하심이 이제는 나의 인자함이 되어, 나의 사랑, 나의 친절함, 나의 베풂이 됩니다. 이것이 내 영혼의 즐거움입니다. 자기 영혼을 귀하게 여기는 자는 인자의 기쁨이 있습니다.

자기 영혼을 경히 여기는 자는 하나님의 인자하심을 깨닫지 못해 늘 짜증이고, 원망이고, 불평이고, 감사가 없습니다.

내 영혼을 사랑하십시오. 그것은 이웃을 사랑하는 것입니다. 17절은 "가난한 자를 불쌍히 여기는 것은 여호와께 꾸어 드리는 것이니 그의 선행을 그에게 갚아 주시리라"고 이야기하고 있습니다.

헷세드 속에 선행이 있습니다. 하나님이 예수님 안에서 우리에게 선행을 베푸셨습니다. 그래서 우리도 친절을 베풀고, 남을 대접하고, 너그러운 사람이 되는 것입니다. 6절에 너그러운 사람에게는 은혜를 구하는 자가 많고 선물 주기를 좋아하는 자에게는 사람마다 친구가 된다고 했습니다. 인색하게 살고, 욕심을 부리며, 자기밖에 모르는 자는 자기 영혼을 천하게 여기는 사람입니다. 넉넉하게 살게 되기를 바랍니다. 풍성함을 나누며 살게 되기를 바랍니다.

지혜는 자기 영혼을 사랑하는 것입니다.
미련은 자기 영혼을 소홀히 여기는 것입니다.
자기의 영혼을 사랑하는 자는 잘못한 자에게 화내지 않고 용서합니다.
내 마음대로 사는 것이 아니라 주의 계명, 말씀을 따라 살아갑니다. 그리고 날마다 주의 인자로 사랑을 베풀며 삽니다.
당신은 존귀한 자, 하나님의 걸작품입니다.

잠언 20장

지혜는
깊은 물과 같습니다

깊은 물과 같은 사람

> 사람의 마음에 있는 모략은 깊은 물 같으니라 그럴지라도 명철한 사람은 그것을 길어내느니라 잠 20:5

사람 속에 있는 지혜는 깊은 물과 같습니다. 명철한 사람만이 그 물을 길어내어 지혜로운 사람이 될 수 있습니다.
속이 얕은 사람이 있고 깊은 사람이 있습니다. 어떤 사람은 생각이 굉장히 얕습니다. 일차원적이고 저급합니다. 그런데 어떤 사람은 생각이 깊고, 남이 생각하지 못한 것을 생각해 냅니다. 그리고 지금 눈 앞에 있는 것만을 보지 않고 그 너머를 봅니다.

> 속이고 취한 음식물은 사람에게 맛이 좋은 듯하나 후에는 그의 입에 모래가 가득하게 되리라 잠 20:17

욕심을 가지고 당장 좋은 것을 취하다가 보면 나중에는 모래를 씹는 것 같이 고통스러워집니다.

깊이 있는 사람이 되어야 합니다. 얕은 시내와 같이 생각이 짧은 사람이 있는 반면에, 바다와 같이 속이 깊은 성숙한 사람이 있습니다.

온전하게 행하는 자가 의인이라 그의 후손에게 복이 있느니라
잠 20:7

온전하다는 것은 깊이가 있는 사람, 성숙한 사람을 뜻합니다. 그 사람은 다음 세대를 복되게 합니다. 부모들이 다음 세대를 생각하지 않고 눈앞의 이익만 추구하다 보면 자녀들에게 복이 되지 않습니다. 지금 잘 되는 것도 중요하지만, 그다음 세대가 복을 받는 것이 더욱 중요합니다. 부모가 현실에 매달려 조급하게 되면 자녀들이 고생하게 됩니다.

깊이 있는 삶과 반대되는 미련한 자의 삶이 1절부터 나옵니다. 술 취하고, 지혜가 없어 미혹됩니다. 다툼을 멀리하는 것이 자기의 영광인데, 싸웁니다. 게을러 자기 일도 제대로 하지 않아 구걸하는 인생이 됩니다. 험담하며, 거짓말을 합니다. 모두 깊이가 없어서 그렇습니다.

'내가 누구인가', '어떻게 살아야 할 것인가', '나는 하나님 앞에서 바로 살고 있는가.' 진지한 고민이 필요합니다. 겉치레로, 수박 겉핥기로 예수를 믿지 말고 진중한 사람이 되어야 합니다.

21절에 보면 처음에 속히 잡은 산업은 마침내 복이 되지 않는다고 합니다. 사람이 너무 감정적이고 즉흥적으로 행동하면, 결국 복이 되지 않습니다. 신중하지 못하고 조급하면 일을 그르칩니다. 25절에 보

면 '함부로'라는 말이 나옵니다. 함부로 살지 말고, 조급하게 살지 말고, 깊이 있게 살아야 합니다.

아담과 하와는 선악과를 아무런 분별없이 욕심으로 따 먹었습니다. 하나님의 명령을 깊이 생각하지 않고 하나님과 같아진다는 마귀의 유혹에 넘어가 쉽게 선악과를 먹어버렸습니다. 깊이 있게 생각하지 못해서 그렇습니다.

사람 속에 있는 이 모략은 깊은 물과 같고 명철한 사람은 그것을 길어낸다고 했습니다. 예수님을 보십시오. 예수님은 대낮에 야곱의 우물가에 물을 길으러 온 여인의 사정을 다 아셨습니다. 그녀에게 물을 달라 하시면서 여인의 깊은 갈급함을 아셨습니다. 그녀에게 남편이 다섯이나 있었고 지금 있는 남편도 진정한 남편이 아니라는 것을 아셨습니다. 그녀의 슬픔과 외로움, 누구도 모를 마음 깊은 속사정을 길어내셨습니다. 이 사건을 통해 자신이 메시아임을 나타내시고, 그녀를 예배자로, 전도자로 세우셨습니다. 이것이 깊이 있는 지혜요 모략입니다.

착하고 충성된 종

깊은 물과 같은 지혜를 길어내는 명철한 사람은 어떤 사람일까요? 첫 번째, 충성된 사람입니다.

> 많은 사람이 각기 자기의 인자함을 자랑하나니 충성된 자를 누가 만날 수 있으랴 잠 20:6

깊이가 없는 미성숙한 사람은 자기가 좋은 사람이라고 스스로 자랑하고 떠벌립니다. 자랑하지 말고 묵묵히 충성하는 자가 되어야 합니다.

충성된 자를 누가 만날 수가 있겠느냐고 했습니다. 교회에서, 우리 주위에서 충성된 자가 심히 적다는 것입니다. 충성은 말만 하는 것이 아닙니다. 충성된 자는 자기가 맡은 바 일을 성실히 감당하는 사람입니다. 믿을 만한 사람입니다.

자랑하지 말고 자신을 살피십시오.

11절에 보면 비록 아이라도 자기의 동작으로 자기 품행이 청결한 여부와 정직한 여부를 나타낸다고 했습니다. "동작과 품행"이 중요합니다. 말만 앞세우지 말고 행동으로 보여주라는 뜻입니다. 아무 말 없이 열매로 보여주라는 의미입니다.

마태복음 7장 20절에서는 열매를 통해서 그 사람이 어떤 사람인가 나타난다고 했습니다. 열매는 시간이 지나면 드러나게 마련입니다.

> 젊은 자의 영화는 그의 힘이요 늙은 자의 아름다움은 백발이니라
> 잠 20:29

인생은 황혼처럼 마지막이 더 아름다와야 합니다. 세월이 흐를수록, 나이가 들수록 삶의 깊이가 열매로 나타나야 합니다. 환갑이 지나고, 칠순이 지나고, 팔순이 지나가는데도 여전히 자랑하고, 조급하고, 욕심을 부리면 추합니다.

자랑하지 말고 충성합시다. 중심이 견고해야 합니다.

마태복음 25장에 보면 다섯 달란트, 두 달란트 받은 자는 말이 없

었습니다. 다섯 달란트를 받은 자는 다섯 달란트를 남겼고, 두 달란트를 받은 자는 두 달란트를 남겼습니다. 아무 말 없이 묵묵히 일해서 예수님께 "착하고 충성된 종"이라는 칭찬을 받았습니다. 그들은 자신을 자랑하지 않았습니다.

자랑하지 않고 충성하는 사람이 깊은 물과 같은 지혜를 길어내는 자입니다.

지혜로운 입술이 보배

두 번째는, 보배로운 입술을 가진 자입니다.

> 세상에 금도 있고 진주도 많거니와 지혜로운 입술이 더욱 귀한 보배니라 잠 20:15

금도 은도 귀하지만 지혜가 보배입니다. 깊은 물과 같은 지혜를 길어내는 자는 보배로운 말을 하는 자입니다. 보배로운 입술을 가진 자에게서는 사람을 살리는 생수와 같은 말이 흘러나옵니다.

잠언 18장 4절에도 "명철한 자의 입의 말은 깊은 물과 같고 지혜의 샘은 솟구쳐 흐르는 내와 같으니라"고 했습니다.

무사백언無思百言의 사람이 있습니다. 아무 생각도 없이 백 마디 말을 쏟아내서 사람들에게 상처를 줍니다. 한편, 삼사일언三思一言으로 말하는 자가 있습니다. 말을 할 때 세 번 생각하고 말을 하는 사람입니다. 이런 사람은 마음의 깊은 곳에서 은금보다도 귀한 지혜를 길어냅니다. 보배 같은 사람입니다.

'이 말을 하면 하나님이 기뻐하실까, 나중에 후회하지 않을까, 상대방이 어떻게 생각할까, 어떻게 받아들일까.' 또 한 번 곱씹어 보고 말을 하는 보배로운 입술이 되어야 합니다.

함부로 다른 사람에 대해 험담하지 마십시오. 19절에 보면 두루 다니며 한담하는 자는 남의 비밀을 누설하나니 입술을 벌린 자를 사귀지 말라고 합니다. 입술을 벌린 자는 수다스러운 사람입니다. 아무렇게나 말을 하고는 자기는 호탕한 사람이라고 합니다. 이것은 깊이가 없고 미련한 것입니다. 보배로운 입술은 깊이 있는 생각에서 나오는 지혜로운 말입니다.

영에 속한 사람

그러면 어떻게 해야 충성스러운 사람과 보배로운 입술의 사람이 되어 깊은 물과 같은 지혜를 길어낼 수 있겠습니까?

성령 충만하여 영에 속한 사람이 되어야 합니다.

> 사람의 영혼은 여호와의 등불이라 사람의 깊은 속을 살피느니라
> 잠 20:27

깊은 곳에서 물이 솟아오르는 것처럼 모든 지혜는 영에서 흘러나옵니다.

27절에 나오는 사람의 영혼은 히브리어로는 '네쉐마'^{Neshamah}인데, 이는 생기, 호흡, '영靈'을 가리키는 말입니다. 창세기 2장 7절에 하나님이 사람의 코에 불어 넣으신 생기가 바로 '네쉐마'입니다. 사람 속에는 영이 있습니다. 이것이 하나님의 등불입니다. 거듭나면 이 등

불이 밝게 켜집니다.

고린도전서 2장 10절, 11절 말씀에 성령은 하나님의 깊은 것이라도 통달한다고 했습니다. 사람 속에 있는 영이 사람의 깊은 사정을 가장 잘 안다고 했습니다. 그러므로 나를 가장 잘 아는 것은 성령이요, 또 거듭난 나의 영입니다.

영으로 기도해야 합니다. 영으로 기도하면 지혜가 샘물처럼 나옵니다. 강물처럼 흐르게 됩니다. 영으로 살아야 합니다. 영으로 살게 되면 성령의 열매가 자연스럽게 맺어집니다.

지혜는 깊은 물과 같습니다.
성령의 사람, 영에 속한 사람은 깊은 물과 같은 지혜를 길어내는 사람입니다.
성령 충만이 곧 지혜 충만입니다.
성령 충만하여 충성된 사람, 보배로운 입술의 소유자가 되기 바랍니다.

잠언 21장

지혜는 승리하는 것입니다

선으로 악을 이기고

> 지혜로운 자는 용사의 성에 올라가서 그 성이 의지하는 방벽을 허느니라 ^{잠 21: 22}

미련하면 패망하지만 지혜로우면 승리합니다.

힘이 없고, 가진 것이 부족하다 할지라도 패배하지 않습니다. 지혜가 있으면 용사의 성에 올라가서 그들이 의지하는 방벽을 허물어뜨리고 승리할 수 있습니다. 지혜가 있으면 난공불락의 성이라 할지라도 그 성을 무너뜨릴 수 있습니다.

당신은 지혜로운 사람입니다. 예수를 믿는 자가 지혜자가 아니면 누가 지혜자이겠습니까? 예수님의 지혜로 살아갈 때 우리는 반드시 승리할 수 있습니다. 선으로 악을 이기고, 하나님의 의로 죄를 이기고, 믿음으로 세상을 이기게 됩니다. 십자가에서 승리하신 예수님의 승리는 바로 성도의 승리입니다.

하나님의 인도하심을

지혜는 곧 승리입니다. 승리하는 지혜자가 되기 위해서 어떻게 해야 합니까?

첫 번째, 하나님의 인도하심을 받아야 합니다.

우리는 스스로 승리할 수 없습니다. 하나님의 주권을 인정하는 가운데 하나님의 인도하심을 받아야 합니다. 하나님이 이끌어 주실 때 승리할 수 있습니다.

1절에서는 "왕의 마음이 여호와의 손에 있음이 마치 봇물과 같아서 그가 임의로 인도하신다"라고 기록하고 있습니다. 왕이 승리하려고 모든 것을 준비하고 애쓴다 할지라도 결국은 하나님이 인도해 주셔야 합니다. 승리하고자 하는 왕의 마음도, 왕의 승리도 하나님의 손에 달려 있습니다.

모든 것은 하나님의 손에 달려있습니다. 사람을 크게 하심과 강하게 하심이 주의 손에 있기 때문에 역상 29:12 하나님을 의지하고 하나님의 주권을 인정해야 합니다. 왕의 마음이 하나님의 손에 달려있고 그것이 마치 봇물 같다는 것은 어떤 의미입니까? 흐르는 수로와 같다는 것입니다. 물은 수로를 따라 흐릅니다. 수로가 오른쪽으로 향해 있으면 물은 오른쪽으로 흐르고, 왼쪽으로 향해 있으면 왼쪽으로 흐릅니다. 강물도 그 강줄기를 따라 흐릅니다.

마찬가지로 우리의 모든 삶이 어디에 달려 있습니까? 하나님의 손에 있습니다. 그분의 주권을 인정해야 합니다. 내가 노력을 한다고만 되는 것이 아니라 수로(봇물)를 따라 흐르는 물과 같이 하나님이 원하시는 대로 인도함을 받아 움직여야 합니다. 지혜와 지식과 명철이 자신에게서 나는 것처럼 생각하여 자랑하지 마십시오. 범사에 하나님을 인정하십시오. 주님이 우리의 길을 지도하시고 인도해 주실 것입니다.잠 3:5-6 시편 48편 14절의 말씀처럼, 하나님 앞에 서는 그 날까지 하나님의 인도함을 받으시기 바랍니다. 하나님의 인도함을 받는다면 그 자체가 승리입니다.

하나님께 기쁨을

두 번째, 하나님께 기쁨을 드려야 합니다.

우리의 기쁨은 하나님의 기쁨에 있어야 합니다. 그것이 승리입니다. 아무리 내가 성공했다 할지라도 하나님이 슬퍼하시면 무슨 소용이 있습니까? 하나님이 기뻐하시는 것이 진정한 성공입니다.

> 공의와 정의를 행하는 것은 제사드리는 것보다 여호와께서 기쁘게 여기시느니라잠 21:3

하나님께 예배드리는 것은 중요한 일입니다. 그러나 악인이 드리는 것과 같은 예배를 드려서는 안 됩니다. 잠언 15장 8절에 "악인의 제사는 여호와께서 미워하셔도 정직한 자의 기도는 하나님이 기뻐하신다"고 했습니다. 참된 예배자는 삶 가운데서도 공의와 정의를 실천하는 예배, 하나님이 기뻐하시는 의인의 예배를 드려야 합니다.

하나님은 다 감찰하십니다. 영과 진리로 예배를 드리는지, 무성의로 예배를 드리는지 아십니다. 이스라엘 백성들은 하나님께 제물을 가져올 때 우상에게 바치는 제물보다 더 못한 것들을 가져왔습니다.

하나님은 그러한 이스라엘 백성에게 헛된 제물을 더는 가져오지 말라고 말씀하셨습니다. 우리는 진실한 예배를 드려야 합니다.

사람의 행위가 자기가 보기에는 정직하여도 여호와 하나님은 마음을 감찰하십니다.잠 21:2 하나님의 기쁨을 구하는지, 자신의 기쁨을 구하는지 다 아십니다. 아무리 성공한 사람일지라도 하나님은 눈이 높은 것과 마음이 교만한 것과 악인이 형통한 것은 다 '죄'잠 21:4라고 말씀하셨습니다. NIV 영어성경에는 '형통하다'는 것을 '등불'로 표현했는데 아무리 그 인생이 빛나는 인생이라 할지라도 악인이면 그의 성공은 죄라는 것입니다.

참된 승리는 하나님의 기쁨에 있습니다. 하나님을 기쁘시게 하는 삶이 곧 승리입니다. 에베소서 5장 10절에 범사에 주님을 기쁘시게 하는 것이 무엇인지 분별하라는 말씀이 나옵니다. 예수님은 항상 하나님을 기쁘시게 했습니다. 요한복음 8장 29절에 "나를 보내신 이가 나와 함께 하시도다 나는 항상 그가 기뻐하시는 일을 행함으로 나를 혼자 두지 아니하셨느니라"고 했습니다. 성부 하나님께서 세례받으신 예수님을 바라보면서 "이는 내 사랑하는 아들이요 내 기뻐하는 자라"마 3:17고 말씀하셨습니다.

우리는 하나님의 사랑을 받을 뿐만 아니라 하나님의 기쁨이 되어야 합니다. 어떤 자녀는 아비의 면류관이 됩니다. 그러나 어떤 자녀는 부모의 가슴에 못을 박아 마음을 아프게 합니다. 하나님의 자녀된 우리는 영의 아버지이신 하나님께 영광을 돌리며 기쁨을 드려야 합니다. 창세기 1장 31절의 말씀같이 하나님이 심히 기뻐하시는 사람이 되어야 합니다.

하나님의 도우심을 받아

세 번째, 하나님의 도우심을 얻어야 합니다. 궁극적으로 승리는 누가 주십니까? 하나님이 주십니다.

> 지혜로도 못하고, 명철로도 못하고 모략으로도 여호와를 당하지 못하느니라 ^{잠 21:30}

> 싸울 날을 위하여 마병을 예비하거니와 이김은 여호와께 있느니라
> 잠 21:31

인간의 지혜, 명철, 모략은 하나님의 지혜, 명철, 모략을 이길 수 없습니다. 하나님의 미련한 것이 사람의 지혜보다 낫다고 했습니다. 우리는 세상의 지혜로만 살려고 하지 말고 하나님의 지혜를 얻어야 합니다. 사람의 지혜는 영원하지 못하고, 하나님의 지혜는 영원합니다. 사람의 지혜는 결국에 가서는 패배로 끝나지만, 하나님의 지혜는 우리를 승리로 이끕니다. 야고보서 3장 15절 이하에 보면 땅에서 나는 지혜는 세상적이요, 정욕적이요, 마귀적이라고 했습니다. 그러나 위로부터 나는 하나님의 지혜는 성결하고 화평하고 관용하고 양순하며 긍휼과 선한 열매가 가득하고 편견과 거짓이 없다고 했습니다. 땅에서 나는 지혜와 위에서 임하는 하나님의 지혜는 도저히 비교할 수 없습니다.

아무리 어리석은 자라 할지라도 하나님 앞에 나아가 지혜를 달라고 도움을 구하면 하나님은 은혜로 지혜를 주셔서 승리하게 하십니다.

지혜는 승리하는 것입니다.

시편 기자는 "많은 군대로 구원얻은 왕이 없으며 용사가 힘이 세어도 스스로 구원하지 못한다"시 33:16고 기록하고 있습니다.

승리는 우리의 노력에 있는 것이 아닙니다. 우리의 지혜와 명철과 모략에 있는 것도 아닙니다. 바로 하나님의 은혜에 있습니다.

그동안 수없이 패배하고 넘어진 자들도 승리할 수 있습니다. 실패한 자들도 회복될 수 있습니다.

하나님의 인도하심을 통해, 하나님의 기쁨을 통해, 하나님의 도우심을 통해 승리할 수 있습니다.

예수의 이름으로 승리할 수 있습니다.

지혜는 이기는 것입니다.

> 우리 주 예수 그리스도로 말미암아 우리에게 승리를 주시는 하나님께 감사하노니고전 15:57

잠언 22장

지혜는
선택을 잘하는 것입니다

지혜로운 자의 선택

많은 재물보다 명예를 택할 것이요 은이나 금보다 은총을 더욱 택할 것이니라 잠 22:1

지혜는 선택을 잘하는 것입니다.

미련한 자는 선택을 잘하지 못합니다. 인류의 죄는 선택을 잘못해서 시작됐습니다. 하나님은 아담과 하와에게 동산에 있는 모든 나무는 먹되, 한가운데 있는 선악을 알게 하는 나무는 먹지 말라고 명령하셨습니다. 그러나 아담과 하와는 생명 나무의 열매를 먹는 대신, 선악을 알게 하는 나무 열매를 택했습니다.

오늘날도 마찬가지입니다. 생명을 택할 것이냐 아니면 사망을 택할 것이냐. 복을 택할 것이냐 화를 택할 것이냐. 순간의 선택이 평생을 좌우합니다. 지혜는 선택을 잘하는 것입니다. 미련한 자는 꼭 잘못된 선택을 합니다. 친구를 사귀어도 미련한 자를 사귀어서 해를 받습니다. 24절 이하에 보면, 노를 품는 자와 사귀지 말며 울분한 자와 동행하지 말라고 합니다. 왜냐하면 그 행위를 본받아 영혼이 올무에 빠지기 때문입니다. 노를 품은 자와 사귀면 나도 분노의 사람이 되기 쉽고, 울분한 자와 함께 하다 보면 나도 영향을 받아 쉽게 울분을 토하게 됩니다.

언행을 삼가 조심하고 말도 잘 선택해야 합니다. 11절에 "마음의 정결을 사모하는 자의 입술에는 덕이 있으므로 임금이 그의 친구가 된다"고 했습니다. 정결을 사모하는 자를 친구로 삼아야 합니다.

29절에 자기의 일에 능숙한 사람은 왕 앞에 설 것이요 천한 자 앞에 서지 않는다고 했습니다. 자기 일에 책임을 충실히 감당하는 자, 성실한 자들을 친구로 삼으면 자신도 함께 존귀한 자 앞에 서게 됩니다.

모든 것이 다 선택입니다. 신앙도 선택입니다. 여호수아 24장 15절에서 여호수아는 이스라엘 백성에게 "너희가 섬길 자를 오늘 택하라. 오직 나와 내 집은 여호와를 섬기겠노라"고 말합니다.

하나님이 우리에게 주신 은총 가운데 하나가 자유의지입니다. 하나님은 우리를 로봇처럼 대하지 않습니다. 리모컨으로 조종하듯이 대하지 않습니다. 하나님은 우리에게 선택할 자유의지를 주셨습니다. 이것은 전능자가 우리를 인격적으로 존대하는 엄청난 은혜입니다.

화를 택하지 말고 복을 택해야 합니다. 어둠을 택하지 말고 빛을 택해야 합니다. 게으름을 택하지 말고 성실함을 택해야 합니다. 더러운 것을 택하지 말고 깨끗한 것을 택해야 합니다. 잘못된 선택을 하여 스스로 불행을 자초하지 말고, 선택을 잘하여 행복하기 바랍니다.

> 여호와를 경외하는 자 누구냐 그가 택할 길을 그에게 가르치시리
> 로다 시 25:12

여호와를 경외하는 것이 지혜입니다. 지혜는 선택을 잘하는 것인데 하나님을 경외하면 잘 선택할 수 있도록 도와주십니다.

겸손, 선행, 말씀

그러면 무엇을 선택해야 할까요?
첫째는 겸손을 선택해야 합니다. 교만을 택하지 말고 겸손을 택하십시오.

> 겸손과 여호와를 경외함의 보상은 재물과 영광과 생명이니라
> 잠 22:4

여호와를 경외하는 것이 지혜입니다. 지혜로 겸손을 선택하십시오. 그러면 반드시 상급이 따릅니다. 재물과 영광과 생명이 주어집니다. 만일 교만을 선택하고 자기 자신을 믿으면 그 반대의 결과를 얻습니다.

교만에는 욕이 따르지만 겸손한 자에게는 지혜가 있습니다. 잠 11:2
겸손한 자와 함께 마음을 낮추는 것이 교만한 자와 함께 탈취물을 나누는 것보다 낫습니다. 잠 16:19
교만은 멸망의 선봉이요 겸손은 존귀의 길잡이입니다. 잠 18:12
사람이 교만하면 낮아지게 되고 마음이 겸손하면 영예를 얻습니다. 잠 29:23

지혜를 가지고 겸손을 선택해야 합니다.

두 번째는 선행을 선택해야 합니다.

> 악을 뿌리는 자는 재앙을 거두리니 그 분노의 기세가 쇠하리라 선한 눈을 가진 자는 복을 받으리니 이는 양식을 가난한 자에게 줌이니라 _잠 22:8-9_

선하게 살겠습니까, 악하게 살겠습니까? 악을 선택하면 재앙을 거두고, 선을 선택하면 복을 받는다고 했습니다. 2절에 "가난한 자와 부한 자가 함께 살거니와 그 모두를 지으신 이는 여호와시니라"고 했습니다. 부한 자의 사명은 무엇입니까? 가난한 자를 돕는 것입니다. 잠언 14장 31절에 궁핍한 자를 불쌍히 여기는 것은 주를 공경하는 것이라고 이야기합니다. 하나님을 공경한다고 하면서 어렵고 힘든 자를 돌보지 않는 자는 하나님을 멸시하는 자입니다. 이 땅에 가난하고 불쌍하고 어려운 자, 환난을 겪은 자, 빚진 자, 마음이 원통한 자_삼상 22:2_에게 복음을 전하고 좋은 일을 해야 합니다. 그들을 하나님의 사랑으로 인도해야 합니다.

야고보서 3장 13절에 "선행을 행하는 자가 지혜와 총명이 있는 자"라고 하였습니다. 지혜와 총명이 있는 자는 항상 착한 일을 선택하면서 사는 자입니다.

세 번째는 말씀을 선택해야 합니다.
17절부터 21절까지는 여러분들이 꼭 암송하기를 바랍니다.

너는 귀를 기울여 지혜 있는 자의 말씀을 들으며 내 지식에 마음을 둘지어다 이것을 네 속에 보존하며 네 입술 위에 함께 있게 함이 아름다우니라 내가 네게 여호와를 의뢰하게 하려하여 이것을 오늘 특별히 네게 알게 하였노니 내가 모략과 지식의 아름다운 것을 너를 위해 기록하여 네가 진리의 확실한 말씀을 깨닫게 하며 또 너를 보내는 자에게 진리의 말씀으로 회답하게 하려 함이 아니냐 잠 22:17-21

지혜자의 선택은 귀를 기울여 말씀을 듣는 것입니다. 말씀을 선택하여 마음에 두어 보존하고, 입술에 함께 있게 하는 것은 아름다운 것입니다. 즉 묵상하고 암송하는 것은 아름다운 선택입니다. 하나님은 우리로 하여금 하나님을 신뢰할 수 있도록 특별히 말씀을 주십니다. 말씀을 택하는 것은 주님을 택하는 것이고 믿음을 택하는 것입니다.

누가복음 5장에 보면, 어부 베드로가 밤이 새도록 고기를 한 마리도 낚지 못하는 장면이 나옵니다. 그때 예수님이 다시 깊은 곳에 그물을 내리라고 말씀하십니다. 베드로는 '안 된다', '해 봐야 소용없다', '나도 다 해봤다'라는 부정적인 자기의 생각을 선택하지 않고, 예수님의 말씀에 순종하기로 선택합니다.

또, 누가복음 10장에 보면 예수님이 마리아와 마르다의 집을 방문한 기사가 나옵니다. 마르다는 언니이고, 마리아는 동생입니다. 마리아가 예수님의 발치에 앉아서 말씀을 듣습니다. 말씀을 택한 것입니다. 그런데 마르다는 예수님을 대접하려고 마음이 분주했습니다. 이러한 마르다에게 예수님은 말씀하십니다. "마르다야 마르다야 네가

많은 일로 염려하고 근심하나…마리아는 이 좋은 편을 택하였으니 빼앗기지 아니하리라" 눅 10:41-42

좋은 편을 택했다는 것이 무엇입니까? 말씀을 택했다는 것입니다. 말씀을 택할 때 주님으로부터 칭찬이 있었습니다.

여러 가지 일로 마음이 분주하십니까? 염려와 불평이 있으십니까? 마르다가 되지 말고, 마리아가 되어야 합니다. 말씀에 은혜를 받는 것을 우선순위에 두어야 합니다.

초대 교회에서도 구제하는 일 때문에 헬라파와 유대파가 다투는 일이 있었습니다. 그때, 열두 사도는 말씀을 제쳐놓고 접대를 일삼는 것이 마땅하지 않다고 했습니다. 행 6:3 말씀을 귀하게 여겨야 합니다. 항상 말씀을 먼저 선택해야 합니다.

지혜는 선택을 잘하는 것입니다.
인생의 성공과 신앙의 승리는 선택에 달려 있습니다.
교만하지 말고 겸손을 선택합시다.
욕심을 내지 말고 선행을 선택합시다.
내 생각을 버리고 말씀을 선택합시다.
이러한 하나님의 은혜가 있기를 바랍니다.
지혜는 선택을 잘 하는 것입니다.

잠언 23장

지혜는
기쁨입니다

지혜는 기쁨이다

참 지혜를 가지면 마음이 즐겁고 기쁘고 행복한 인생이 됩니다. 미련은 악이요 고통입니다. 그러나 지혜는 선이요 즐거움입니다. 15절에서 16절까지의 말씀을 보면 지혜로운 자는 마음이 즐겁다고 했습니다.

> 내 아들아 만일 네 마음이 지혜로우면 나 곧 내 마음이 즐겁겠고 만일 네 입술이 정직을 말하면 내 속이 유쾌하리라 잠 23:15-16

지혜로우면 나의 마음이 즐겁습니다. 지혜로우면 기쁨이 넘치고 다른 사람에게도 기쁨을 전합니다. 파도가 파도를 부르는 것처럼 지혜는 지혜를 부르고 여기에서 기쁨의 파장이 일어납니다. 가정에서 엄마가 기쁨이 넘치면 온 가족이 기쁩니다. 엄마가 짜증스러우면 온 집안의 분위기가 어두워집니다. 교회에서도 마찬가지입니다.

23장에서는 잘못된 기쁨의 추구에 대해 이야기하는데 그것은 탐욕, 재물, 음란, 술 취함입니다. 이러한 것을 통해서는 고통, 허무함, 재앙, 근심, 분쟁, 원망, 상처만이 얻어질 뿐입니다. 세상적이고 육신적이고 정욕적인 쾌락을 좇지 말고, 하늘의 기쁨, 신령한 기쁨을 추구하기 바랍니다.

지금 내 마음에 기쁨이 없다면 지혜가 없다는 것입니다.

데살로니가전서 5장 16절에 항상 기뻐하라고 말합니다. 어떻게 항상 기뻐할 수 있습니까. 빌립보서 4장 4절에 보면 주 안에서 항상 기뻐할 수 있습니다.

참 지혜자되신 주님 안에 있으면 어떤 경우에도 기뻐할 수 있습니다. 이것이 큰 은혜입니다. 은혜는 기쁨입니다. 은혜는 '기쁨'이라는 단어에서 나왔습니다.

> 내가 하나님의 제단에 나아가 나의 큰 기쁨의 하나님께 이르리이다 하나님이여 나의 하나님이여 내가 수금으로 주를 찬양하리이다
> 시 43:4

하나님은 여러분들에게 기쁨을 주시기를 원하십니다. 하나님은 사람을 창조하실 때 기뻐하도록 만드셨습니다. 그런데 죄가 이 기쁨을 빼앗아 갔습니다. 예레미야 2장 19절에 죄는 악이요 고통이라고 했습니다. 사람들은 고통을 잊고 기쁨을 얻기 위해 돈을 좇고, 쾌락을 추구하고, 술을 찾습니다. 그러나 기쁨은커녕 고통만 더하게 될 뿐입니다.

지혜로운 자에게는 참된 기쁨이 있습니다. 지혜에서 나오는 참된 기쁨이 무엇일까요?

끊어지지 않는 희망

첫 번째, 지혜의 기쁨은 소망이 넘쳐나는 기쁨입니다.
지혜가 있으면 소망이 생깁니다. 그래서 기쁨이 있습니다.

> 네 마음으로 죄인의 형통을 부러워하지 말고 항상 여호와를 경외하라 정녕히 네 장래가 있겠고 네 소망이 끊어지지 아니하리라 잠 23:17-18

여호와를 경외하면 지혜가 생깁니다. 잠 9:10 경외하는 자에게 하나님은 미래와 희망을 주십니다. 렘 29:11 미래와 희망을 주시는 하나님을 경외하면 장래가 있고 소망이 끊어지지 않고 기쁨이 넘쳐납니다.

> 소망 중에 즐거워하며 환난 중에 참으며 기도에 항상 힘쓰며
> 롬 12:12

환란이 있다 할지라도 인내하며 기도에 항상 힘쓰면 소망 중에 기뻐할 수 있습니다.

> 생각하건대 현재의 고난은 장차 우리에게 나타날 영광과 비교할 수 없도다 롬 8:18

현재의 아픔과 어려움을 이기려면 미래에 대한 소망이 있어야 합니다. 신명기 16장 15절에서 하나님 여호와께서 복 주실 것이니 너는 온전히 즐거워하라고 말씀하십니다. 복 주실 것을 믿어야 합니다.

믿음은 희망입니다.

> 소망의 하나님이 모든 기쁨과 평강을 믿음 안에서 너희에게 충만케 하사 성령의 능력으로 소망이 넘치게 하시기를 원하노라
> 롬 15:13

바른 마음, 바른 길

두 번째, 지혜의 기쁨은 정로正路의 기쁨입니다.

정로는 바른 길을 의미합니다. 빨리 가려고 비뚤어진 길을 가지 말고, 천천히 가더라도 정로를 가십시오. 거기에 기쁨이 있습니다.

> 내 아들아 너는 듣고 지혜를 얻어 네 마음을 바른 길로 인도할지니라 잠 23:19

여러분 마음에 이런 생각이 들어야 합니다.

'난 일평생 좁은 길을 가리라. 십자가의 길을 가리라. 주의 길을 가리라. 복음의 길을 가리라. 위로 향한 생명 길로 가리라. 천국 길로 가리라. 많은 사람을 주께로 인도하리라. 바른길로 가리라.'

생명의 길은 좁은 길입니다. 넓은 길은 편한 길이지만 결국 망하는 길입니다.

잠언 3장 17절에 지혜의 길은 즐거운 길이요 그 지름길은 평강이라고 말합니다. 지혜로운 자는 길을 걸어갈 때 바른길을 걸어가기 때문에 아무 염려, 근심이 없고 기쁨이 넘치고 평강이 넘칩니다. 잠언 15장 9절에 보면 여호와께서 악인의 길은 미워하셔도 공의를 따라

가는 자는 사랑하신다고 했습니다.

찬송가 430장 "주와 같이 길 가는 것 즐거운 일 아닌가 우리 주님 걸어가신 발자취를 밟겠네"의 가사처럼 주님과 함께 가며 바른 길을 걸을 때 기쁨이 넘칩니다. 주님이 길이요 진리요 생명이십니다. 그 길에 기쁨이 있습니다.

> 여호와를 경외하며 그의 길을 걷는 자마다 복이 있도다 시 128:1

행복이 넘쳐나는 가정

세 번째, 지혜의 기쁨은 가정의 기쁨입니다.

가정에서 부모와 자녀들이 지혜로우면 온 가정에 기쁨이 넘치게 됩니다.

> 의인의 아비는 크게 즐거울 것이요 지혜로운 자식을 낳은 자는 그로 말미암아 즐거울 것이니라 네 부모를 즐겁게 하며 너를 낳은 어미를 기쁘게 하라 잠 23:24-25

가정의 기쁨이 어디서 옵니까? 바로 지혜에서 옵니다.

잠언 15장 20절에 지혜로운 아들은 아비를 즐겁게 하여도 미련한 자는 어미를 업신여긴다고 했습니다. 또 잠언 17장 25절에 미련한 아들을 두면 아비의 근심이요 어미의 고통이라고 했습니다.

여러분의 자녀들이 하나님을 경외하고 예수님을 믿어 지혜로워지기를 바랍니다. 말씀이 풍성하여 온 가정이 기쁨으로 넘쳐나기를 바랍니다.

바울이 2차 전도여행 때 빌립보에 가서 복음을 전했습니다. 귀신 들려 점치는 여종을 고치는 가운데 감옥에 들어가게 되었습니다. 깊은 감옥에서 바울과 실라는 기도와 찬송을 했습니다. 그때, 감옥의 터가 흔들리고 매인 쇠사슬이 풀어지고 옥문이 열렸습니다. 간수장은 죄수들이 도망간 줄 알고 자결하려고 했습니다. 바울은 "주 예수를 믿으라 그리하면 너와 네 집이 구원을 얻으리라"고 복음을 전했습니다.^{행 16:31} 그리고 주의 말씀을 그 사람과 그 집에 있는 모든 사람에게 전했습니다. 간수장은 온 가족과 더불어 예수를 믿고 세례를 받았습니다. 그의 가정에 슬픔 대신 기쁨이 임했습니다. 이 기쁨은 세상의 기쁨이 아니었습니다. 천국의 기쁨, 구원의 기쁨, 영생의 기쁨이었습니다. 이 기쁨이 가정에 있어야 합니다.

지혜는 기쁨입니다.
희망이 넘쳐나기를 바랍니다.
정로를 걷게 되기를 바랍니다.
가정에 슬픔과 탄식이 다 사라지고 기쁨이 충만하기를 바랍니다.
지혜 안에서 소망의 기쁨, 정로의 기쁨, 가정의 기쁨이 풍성하도록 성령께서 도우실 것입니다.

예수 믿는 자는 강한 용사와 같다

지혜 있는 자는 강하고 지식 있는 자는 힘을 더하나니 너는 전략으로 싸우라 승리는 지략이 많음에 있느니라 잠 24:5-6

지혜로운 자는 강한 용사와 같습니다. 지혜 있는 자는 강합니다. 지식 있는 자는 힘이 더해집니다. 그래서 모략과 지략으로 승리하게 됩니다.

그리스도인들은 강한 용사임을 믿어야 합니다. 홍해를 건넌 후에 모세가 "여호와는 용사시니 여호와는 그의 이름이시로다" 출 15:3 라고 찬송한 것 같이 여호와, 우리 주님이 강한 용사이기 때문입니다.

장정만도 60만 명이었던 이스라엘 백성들은 430년 동안 애굽 왕의 학정에 시달리며 벽돌을 구우며 살아가는 힘없는 인생이었습니다. 하지만 주님은 이 민족을 어린 양의 보혈로 단번에 구원하셨습니다. 하나님의 지팡이로 홍해를 가르시고 뒤쫓아 오는 애굽 군대를 다 수장시키셨습니다. 큰 승리가 주어지자, 이스라엘 백성들은 강한 용사 되시는 여호와께서 하신 일임을 고백하였습니다. 여호와가 강한 용사임을 믿는 자는 강한 용사입니다. 당신은 강한 용사입니다.

영적 전쟁이 극심해지는 이 때 성도는 하나님의 전신 갑주를 입은 강한 용사로 살아야 합니다. 말세에 많은 사람들이 배반하고 타락하지만, 오직 여호와를 아는 백성은 강하여 용맹을 떨치게 될 것입니다.^{단 11:32}

아무리 젖과 꿀이 흐르는 땅이 우리 앞에 약속되어 있다 할지라도 강하고 담대하지 않으면 그 약속은 성취될 수 없습니다. 하나님은 우리를 향해 "강하고 담대하라"^{수 1:6,7,9} 고 말씀하십니다. 또 "너는 여호와를 기다릴지어다 강하고 담대하며 여호와를 기다릴지어다"^{시 27:14} 라고 말씀하십니다. 우리 모두 강한 용사로서 시대적인 사명을 감당하기를 바랍니다. 악인은 쫓아오는 자가 없어도 도망하지만, 의인은 사자 같이 담대합니다.^{잠 28:1}

용맹을 발하는 강한 용사는 어떤 모습입니까?

환난 날에 나를 부르라

첫 번째, 강한 용사는 환난 날에 낙담하지 않습니다.

강한 용사인지 아닌지는 환난을 대하는 태도를 통해 드러납니다. 강한 용사는 환난 날에 낙담하지 않지만, 미련한 자는 환난이 오면 기다렸다는 듯이 넘어지고 낙심하고 절망합니다. 10절에서 "네가 만일 환난 날에 낙담하면 네 힘이 미약함을 보임이니라"고 기록하고 있습니다. 만약 환난 날에 낙담한다면, 힘이 없는 것을 스스로 증명하는 것입니다. 곧 지혜가 없어 연약해졌다는 것입니다.

다니엘을 보십시오. 다니엘은 청소년 시기에 남들보다 이미 지혜가 10배나 뛰어났습니다.단 1:20 다니엘의 세 친구, 사드락, 메삭, 아벳느고도 지혜가 있었습니다. 평소보다 칠 배나 뜨거운 풀무 불에 들어간다 할지라도 신앙을 배반하지 않았던 그들은 강한 용사였습니다. 다니엘은 사자굴에 들어간다 할지라도 변함없이 감사했습니다.단 6:10

어떻게 환난이 왔는데도 낙심하지 않고 더 믿음이 불같이 뜨거워질 수 있겠습니까? 어떻게 사자와 싸워서도 승리하는 강한 용사가 될 수 있겠습니까? 바로 기도하는 것입니다. 환난 날에 낙심하는 것이 아니라, 환난 날에 기도하는 것입니다.

"환난 날에 나를 부르라 내가 너를 건지리니 네가 나를 영화롭게 하리로다"시 50:15, "나의 환난 날에 내가 주께 부르짖으리니 주께서 내게 응답하시리이다"시 86:7의 말씀처럼 환난 날에 여호와께 부르짖을 때 주께서 우리에게 응답하실 것입니다.

환난 날에 낙심하지 않으려면 소망을 가져야 합니다. 14절에서 "지혜를 얻으면 정녕히 네 장래가 있겠고 네 소망이 끊어지지 아니하리라"고 말씀하십니다. 환난 날에 낙심하는 것이 아니라 오히려 환난 날에 소망을 가지라는 것입니다. 그러한 자에게는 좋은 복이 임합니다. 25절에 "좋은 복을 받으리라"는 말씀은 즉, 환난 날에 낙심하지 않고 기도하며 소망을 가져 좋은 복을 받으라는 뜻입니다. "내 영혼아 네가 어찌하여 낙심하며 어찌하여 내 속에서 불안해하는가 너는 하나님께 소망을 두라 그가 나타나 도우시리라"시 42:5,11; 43:5는 말씀을 믿으십시오. 절대 낙심하지 마십시오. 이것이 지혜자의 강함입니다.

생명의 복음을 전하라

두 번째, 강한 용사는 생명의 역사를 일으킵니다.

구원의 열정에 불타올라 죽어가는 심령들을 구하는 것입니다. 11절 말씀에 "너는 사망으로 끌려가는 자를 건져 주며 살육을 당하게 된 자를 구원하지 아니하려고 하지 말라"고 하십니다. 사망에 끌려가는 자를 모르는 체하지 말라는 것입니다. 12절에서는 "네가 말하기를 나는 그것을 알지 못하였노라 할지라도 마음을 저울질하시는 이가 어찌 통찰하지 못하시겠으며 네 영혼을 지키시는 이가 어찌 알지 못하시겠느냐 그가 각 사람의 행위대로 보응하시리라"고 말씀하십니다.

살육을 당하게 된 자를 구원하는 자가 용기 있는 강한 용사입니다. 왜 주님이 강한 용사입니까? 우리가 사망에 처했을 때, 마귀에게 종살이할 때, 우리를 구원해 주셨기 때문입니다. 예수님은 십자가를 부끄러워하지도, 두려워하지도 아니하시고 강한 용사가 되어 우리를 구원하셨습니다. 강한 용사는 복음을 부끄러워하지 않습니다. 절대 고난을 두려워하지 않습니다. "내가 복음을 부끄러워하지 아니하노니 이 복음은 모든 믿는 자에게 구원을 주시는 하나님의 능력이라"롬 1:16고 고백한 바울 사도처럼 복음의 용사가 되기를 바랍니다.

마지막 시대에는 전무후무한 환난이 세상에 임할 것입니다. 시대가 어렵고, 환난이 극심할지라도 영혼 구원에 힘을 써야 합니다. "지혜 있는 자는 궁창의 빛과 같이 빛날 것이요 많은 사람을 옳은 데로 돌아오게 한 자는 별과 같이 영원토록 빛나리라"단 12:3는 말씀에 의지하여 지혜로운 강한 용사가 되어 영혼 구원에 힘써야 합니다. 주위에 사망으로 끌려가며, 살육당하는 자들이 많이 있습니다. 특별히 사탄이 주는 환난이 얼마나 많은지 모릅니다. 그러나 지혜 있는 자는 환난 날에 낙담하는 것이 아니라 오히려 강하고 용맹을 발하여 죽어가는 자를 구원하는 자입니다.

교회는 강한 복음의 군대가 되어야 합니다. 성도들은 강한 그리스도의 군사가 되어야 합니다. 마귀에 이끌려 사망과 멸망에 처한 자들을 십자가의 피 묻은 복음, 생명의 부활의 복음으로 구원해야 합니다.

선한 사마리아인의 이야기눅 10:30-37는 위험을 무릅쓰고 끝까지 한 영혼을 구원한 강한 용사의 이야기입니다. 강도 만난 자는 사망의 위기에 있었습니다. 제사장, 레위인 모두 그냥 지나갔습니다. 그러나 사마리아인은 마음을 다해 그를 불쌍히 여겼습니다. 강도의 위험이 있는 곳이었지만 목숨을 다해 가까이 갔습니다. 힘을 다해 기름과 포도주를 상처에 붓고 싸매 주었습니다. 그리고 자기 짐승에 태워 주막으로 데려가서 돌보아 주었습니다. 여기까지만 해도 대단한 것입니다. 그런데 이튿날, 주막 주인에게 돌보아 달라고 부탁하며 넉넉한 비용을 지불했습니다. 비용이 더 들면 돌아와서 추가로 지불해 주겠다고까지 약속했습니다. 그는 뜻을 다하여 강도만난 자를 사랑했습니다. "마음을 다하며 목숨을 다하며 힘을 다하며 뜻을 다하여 네 이웃을 네 몸과 같이 사랑하라"눅 10:27는 계명을 이룬 것입니다.

우리도 이 시대의 선한 사마리아인이 되어 땅끝까지 가서 영혼들을 구원하는 강한 용사, 사랑의 용사가 되어야 합니다.

너희가 알 것은 죄인을 미혹된 길에서 돌아서게 하는 자가 그의 영혼을 사망에서 구원할 것이며 허다한 죄를 덮을 것이라 약 5:20

일곱 번 넘어질지라도 다시 일어나려니와

세 번째, 강한 용사는 칠전팔기七顚八起로 다시 일어납니다.

16절 말씀에서는 "대저 의인은 일곱 번 넘어질지라도 다시 일어나려니와 악인은 재앙으로 말미암아 엎드러지느니라"고 합니다. 칠전팔기, 즉 일곱 번 넘어질지라도 여덟 번째에 다시 일어난다는 뜻입니다. 성경에서 숫자 7은 완전수입니다. 완전히 넘어진 인생도 하나님이 지혜와 용기를 주시면 다시 일어날 수 있습니다. 숫자 8은 새 출발을 의미합니다. "도저히 내 인생은 안 된다. 끝났다" 하지 말고, "주여, 다시 일어나게 하여 주시옵소서"라고 회복을 위해 기도하십시오.

돼지가 먹던 쥐엄열매도 먹지 못했던 탕자가 다시 일어나 아버지의 품에 안겨 그의 인생이 바뀐 것처럼, 당신의 인생도 얼마든지 바뀔 수 있습니다. 주님은 우리를 일으켜 세워주시기를 원하십니다. "그는 넘어지나 아주 엎드러지지 아니함은 여호와께서 그의 손으로 붙드심이로다" 시 37:24의 말씀처럼 여호와께서 우리들의 인생을 붙들어 주십니다.

칠전팔기의 믿음으로 다시 일어나서 새 출발을 하는 용사가 됩시다. 인생의 자랑은 한 번도 안 넘어지는데 있는 것이 아니라 넘어졌지만, 다시 일어나는 데 있습니다. 당신은 일어날 수 있습니다.

깨어 믿음에 굳게 서서 남자답게 강건하라 고전 16:13

지혜로운 자는 강한 용사와 같습니다.

강한 용사는 어떠한 환난 가운데서도 낙심하지 않습니다.

오히려 힘들고 어려울 때 힘든 자를 돌아보며 한 영혼이라도 더 구원하고자 애를 씁니다. 장애물에 넘어져서 못 일어난다고 좌절하지 않고 칠전팔기로 다시 일어납니다.

당신은 강한 용사입니다.
성령의 용사입니다.
복음의 용사입니다.
당신은 할 수 있습니다. 능력 주시는 자 안에서 모든 것을 할 수 있습니다. 빌 4:13

잠언 25장

지혜는
찌꺼기를
제하는 것입니다

찌꺼기를 제하라

> 은에서 찌꺼기를 제하라 그리하면 장색의 쓸 만한 그릇이 나올 것이요 잠 25:4

잠언서 모든 장에 걸쳐서 지혜, 명철, 모략, 슬기, 지식과 같은 단어들이 나오는데, 25장에서만 유일하게 그런 말들이 나오지 않습니다. 그러나 어느 장보다도 지혜와 명철을 깨닫고 모략을 배울 수 있는 장이 바로 잠언 25장입니다.

지혜가 무엇입니까? 지혜는 찌꺼기를 제하는 것입니다. 은으로 그릇을 만드는데 은 안에 찌꺼기가 있으면 온전한 그릇이 될 수 없습니다. 찌꺼기를 제해야만 쓸 만한 그릇이 나옵니다.

하나님 앞에 쓰임 받는 존귀한 그릇이 되려면 찌꺼기를 제해야 합니다. 찌꺼기는 쇠똥입니다. 찌꺼기를 제거한다는 것은 회개를 말합니다.

그러므로 누구든지 이런 것에서 자기를 깨끗하게 하면 귀히 쓰는 그릇이 되어 거룩하고 주인의 쓰임에 합당하며 모든 선한 일에 준비함이 되리라 딤후 2:21

예수의 피로, 말씀으로, 회개함으로 찌꺼기를 제거하여 깨끗한 그릇이 됩시다. 하나님은 그 사람을 선한 일에 존귀하게 쓰십니다.

교만의 찌꺼기

그렇다면 제거해야 하는 찌꺼기는 무엇입니까?

무엇보다도 교만의 찌꺼기입니다.

5절에 보면 왕 앞에서 악한 자를 제하라고 합니다. 악한 자는 바로 교만한 자를 말합니다. 6절에서는 왕 앞에서 스스로 높은 체하며 대인들의 자리에 서는 자가 바로 교만한 자라고 말합니다.

우리는 왕 되시는 주님 앞에서 교만한 자가 되어서는 안 됩니다. 스스로 높은 체하며 하나님의 말씀보다 자기 생각, 자기 경험, 자기 논리를 더 앞세워서는 안 됩니다. 하나님은 교만한 자를 버리십니다. 대적하십니다.

교만의 찌꺼기가 없어져야 하나님이 우리를 쓰실 수 있습니다. 교만하면 하나님이 쓰시지 않고, 마귀가 사용합니다. 마귀에게 이용당하는 교만의 그릇이 되지 말고, 하나님이 쓰시는 겸손한 그릇이 됩시다. 교만하면 패망하고 겸손하면 하나님이 존귀하게 쓰십니다. 교만은 반드시 드러나게 됩니다. 삼가 조심하여 하나님 앞에 겸손하여 쓰임 받아야 합니다. 나에게 교만의 쇠똥이 있는가 늘 살펴보아야 합니다.

다툼의 찌꺼기

너는 서둘러 나가서 다투지 말라 마침내 네가 이웃에게서 욕을 보게 될 때에 네가 어찌할 줄을 알지 못할까 두려우니라 잠 25:8

또 하나는 다툼의 찌꺼기입니다.
다투면 손가락질을 당하고 부끄러움을 당합니다. 다투지 마십시오. 감정을 다스리지 못하면 수치를 당하고 평생 상처로 남습니다.
9절에도 이웃과 다투거든 변론만 하고 남의 은밀한 일은 누설하지 말라고 했습니다. 감정적으로 다투면서 상대방을 공격하고, 자기 의를 변명하려고 남의 비밀까지 다 누설하게 되는데, 그러면 안 됩니다. 결국 메아리가 되어서 악평으로 돌아옵니다.

듣는 자가 너를 꾸짖을 터이요 또 네게 대한 악평이 네게서 떠나지 아니할까 두려우니라 잠 25:10

'그 사람 참 덕 있는 사람이야', '좋은 사람이야', '믿을만한 사람이야'라고 칭찬받는 자가 되어야지 악평을 받으면 안 됩니다.
자기는 모릅니다. 주위에서는 다 나에 대해서 악평하는데 나만 모릅니다. 이것이 다툼에서 나오는 것입니다. 이 다툼의 찌꺼기를 철저히 제해야 합니다.
어릴 때부터 지금까지 내가 누구와 다투었는지 생각해 보십시오. 혹 부모님과 다투지 않았는가, 부부가 서로 다투지 않았는가, 친구와 다투지 않았는가, 주의 종과 다투지 않았는가, 다른 성도와 다투지 않았는가 곰곰이 생각해보고 회개해야 합니다. 다투었다면 가서 용서를 구해야 합니다. 세월이 지났다고 그냥 지나치면 안 됩니다. 반드시 서로 용서하고 화해해야 합니다. 계속 다툼의 찌꺼기를 그대로 두면 불행이 찾아옵니다. 다툼을 가벼이 여기지 마십시오.

디모데후서 2장 14절에서도 다툼을 엄히 경계합니다.

> 너는 그들로 이 일을 기억하게 하여 말다툼을 하지 말라고 하나님 앞에서 엄히 명하라 이는 유익이 하나도 없고 도리어 듣는 자들을 망하게 함이라 딤후 2:14

시비를 가린다고 언성을 높이는 말다툼을 하지 말라는 것입니다. 다툼에는 유익이 하나도 없습니다. 이익은 하나도 없고 백 가지 해로움만 있습니다. 다툼은 듣기만 해도 망한다고 했습니다. 듣는 자까지 망하게 한다고 했으니 절대 가정 안에서, 교회 안에서 다툼의 시끄러운 소리가 나지 말아야 합니다.

예수님의 제자들은 교만하여 누가 높으냐 서로 다투다가 결국 주님을 버리고 도망갔습니다. 다툼을 철저히 회개하기를 바랍니다.

거짓의 찌꺼기

그다음 버려야 할 찌꺼기는 거짓말입니다.

14절에 보면 선물한다고 거짓 자랑하는 자는 비 없는 구름과 바람 같다고 했습니다.

입만 열면 거짓말이 나오는 사람이 있습니다. 나중에는 본인마저도 거짓을 진짜로 착각합니다. 자꾸 거짓말을 하면 자신도 그것을 진짜로 믿게 됩니다.

거짓말하는 자를 하나님이 어떻게 쓰시겠습니까. 18절에 자기 이웃을 쳐서 거짓 증거하는 사람을 "방망이요 칼이요 뾰족한 화살"이라고 묘사했습니다. 거짓말하는 사람들의 방망이에 두드려 맞고, 칼로 베임을 당하고, 뾰족한 화살에 찔리게 됩니다. 교회 안에서도 거짓말로 공동체를 어지럽히는 사람들이 있습니다. 무엇이 거짓의 찌꺼기인지를 잘 분별해야 합니다.

19절에 "환난 날에 진실하지 못한 자를 의뢰하는 것은 부러진 이와 위골된 발과 같다"고 했습니다. 하나님을 믿지 못하고 말씀을 믿지 못하고 거짓 증거를 하며 돌아다니는 자의 말을 믿으면 시험에 들고 넘어지게 됩니다. 이것이 거짓의 폐해입니다. 이런 자는 하나님께 쓰임 받지 못합니다.

음행하는 자들과 우상 숭배자들과 살인자들과 거짓말하는 자들은 하나님 나라에 못 들어갑니다.^{계 21:8,27, 22:15} 천국에 들어가지 못합니다. 이들은 불과 유황으로 타는 못에 던져지게 됩니다. 그런데 사람들은 음행, 살인, 우상 숭배는 큰 죄로 여기면서 거짓말은 적당히 해도 되는 것처럼 여깁니다. 이것이 문제입니다. 거짓말을 음란죄처럼 여기고 우상 숭배처럼 여기고 살인죄처럼 여겨야 합니다. 거짓말의 배후에는 거짓의 아비 마귀가 있습니다.^{요 8:44} 마귀가 거짓말로 사람들을 사망으로 끌고 갑니다.

'천국은 없다', '예수님은 하나님의 아들이 아니다', '교회에 가지 마라', '십일조 하지 마라', '교회에 왜 그렇게 열심히 다니느냐', '일요일에 놀러 가지 않고 왜 교회에 가냐', '왜 새벽마다 교회에 가서 바

보같이 울면서 부르짖느냐'

마귀가 이렇게 속삭이면 믿음이 없는 사람들은 이런 거짓에 속아 넘어갑니다.

거짓의 찌꺼기가 있으면 하나님이 쓰시지 못합니다. 하나님은 진실한 사람을 쓰십니다.

욕심의 찌꺼기

제거해야 할 또다른 찌꺼기는 욕심입니다.

16절입니다. "너는 꿀을 보거든 족하리만큼 먹으라 과식함으로 토할까 두려우니라", 또 27절에는 "꿀을 많이 먹는 것이 좋지 못하고 자기의 영예를 구하는 것이 헛되니라"고 했습니다.

절대 과욕을 부리면 안 됩니다. 과음, 과식, 과욕, 이것이 문제입니다. 하나님은 필요를 채워주시지 욕심을 채워주시는 분이 아닙니다. 필요보다 넘쳐나면 그것을 다른 사람을 위해, 하나님 나라를 위해 써야 합니다.

자기만을 위해서 살고, 자기 배만 채우는 사람은 하나님이 쓰실 수 없습니다. 욕심이 잉태한 즉 죄를 낳고 죄가 장성한 즉 사망을 낳기 때문입니다.약 1:15

하와가 선악을 알게 하는 나무의 열매를 본 즉 먹음직도 하고 보암직도 하고 지혜롭게 할 만큼 탐스러웠다고 했는데, 이것이 욕심입니다. 사탄은 오늘도 우리의 욕심을 충동질하고 있습니다.

기도할 때도 정욕으로 쓰려고 구하면 안 됩니다. 욕심의 찌꺼기를 십자가에 못 박아야 합니다. 동기가 순수해야 합니다. 하나님의 영광,

하나님의 나라와 그의 의를 먼저 구해야 합니다.

장색의 쓸만한 그릇

교만, 다툼, 거짓말, 그리고 욕심의 찌꺼기를 제하고 나면 이제 장색의 쓸만한 그릇을 빚을 준비가 됩니다. 어떻게 하면 우리가 장색의 쓸만한 그릇과 같이 빚어질까요?

첫째는 경우에 합당한 말을 하는 것입니다.

> 경우에 합당한 말은 아로새긴 은 쟁반에 금 사과니라 잠 25:11

때와 상황에 알맞는 지혜로운 말은 상대방에게 유익을 줍니다. 마치 은 쟁반에 올려져 있는 금 사과와 같이 귀하고 아름답습니다. 아무리 옳은 말이라 할지라도 경우에 맞지 않으면 오히려 상처를 줍니다. 곤고한 자에게는 위로의 말을, 넘어진 자에게는 용기의 말을, 절망한 자에게는 희망의 말을 전해야 합니다. 학자의 혀를 가진 자는 경우에 합당한 말로 곤고한 자를 도와주는 자입니다. 사 50:4

더러운 말은 입 밖에도 내지 말고, 오직 덕을 세우는 선한 말을 하여 듣는 자에게 은혜를 끼쳐야 합니다. 엡 4:29

15절에 "오래 참으면 관원도 설득할 수 있나니 부드러운 혀는 뼈를 꺾는다"고 했습니다. 아무리 좋은 말이라도 조급히 말을 하지 말고 때를 기다리십시오. 부드러운 말로 형제를 위로하십시오.

둘째는 충성하는 것입니다.

> 충성된 사자는 그를 보낸 이에게 마치 추수하는 날에 얼음 냉수 같아서 능히 그 주인의 마음을 시원하게 하느니라 잠 25:13

하나님께 쓰임 받는 은장색의 그릇과 같은 사람은 충성된 자입니다. 추수하는 날에 게으르지 않고 자신이 맡은 일에 책임을 다하는 자입니다. 이와 같은 자는 더운 여름날의 얼음 냉수와 같아서 주인의 마음을 즐겁게 합니다.

디모데전서 1장 12절에 보면 바울은 예수님께서 자신을 충성되이 여겨 직분을 맡기셨다고 고백합니다. 하나님은 충성된 자에게 귀한 일을 맡기십니다. 충성된 자는 하나님의 마음에 합한 자입니다. 이 사람은 얼음 냉수와 같고, 마치 먼 데서 오는 좋은 소식과 같습니다. 잠 25:25

이 목마른 세대에 갈증을 없애주는 얼음냉수와 같은 충성된 자, 진실한 자, 믿을만한 자가 되어 하나님께 쓰임받는 은장색의 그릇이 됩시다.

셋째는 사랑하는 것입니다.

> 네 원수가 배고파하거든 음식을 먹이고 목말라하거든 물을 마시게 하라 그리하는 것은 핀 숯을 그의 머리에 놓는 것과 일반이요 여호와께서 네게 갚아주시리라 잠 25:21-22

사랑이 없으면 아무것도 아닙니다. 사랑이 없으면 아무런 유익이 없습니다. 사랑이 없는 자는 하나님이 쓰실 수가 없습니다. 성도는 원수까지라도 사랑해야 합니다. 원수가 굶주리면 먹이고, 갈증이 나면 물을 마시게 해야 합니다. 그렇게 하는 것은 원수의 머리에 사랑의 뜨거운 숯을 놓는 것과 같습니다. 이때 원수는 뜨거운 하나님의 사랑을 느끼고 회개하게 됩니다.

넷째는 마음을 다스리는 것입니다.

> 자기의 마음을 제어하지 아니하는 자는 성읍이 무너지고 성벽이 없는 것과 같으니라 잠 25:28

마음을 다스려야 합니다. 마음을 통제하지 못하면 마치 성벽이 무너짐과 같이 인생이 무너집니다. 잠언 16장 32절에 노하기를 더디하는 자는 용사보다 낫고, 자기 마음을 다스리는 자는 성을 빼앗는 자보다 낫다고 했습니다.

마음을 다스리는 것은 자신을 부인하는 것입니다. 내 마음대로 사는 것이 아니라, 주님의 마음으로 사는 것을 말합니다. 감정에 따라 살지 않고 주의 말씀에 따라 사는 것입니다. 잠언 4장 23절에 마음을 다스려야 생명이 흐르게 된다고 했습니다.

지혜는 내 안의 찌꺼기를 제거하는 것입니다.
이를 통해 하나님이 쓰실 만한 그릇으로 준비됩니다.
교만, 다툼, 거짓, 욕심의 찌꺼기를 제거합시다.
찌꺼기를 제거할 뿐만 아니라, 주께서 쓰실만한 그릇으로 빚어져야 합니다.

　경우에 합당한 말을 하고, 충성하며, 원수까지라도 사랑하고, 마음을 다스림으로 하나님께 쓰임 받는 존귀한 그릇이 됩시다.

네 언행을 삼가 늘 조심하라

우리가 조심해야 할 것이 있습니다. 불조심, 차 조심보다 더 조심해야 할 것은 바로 사람입니다. 사람을 조심하지 않으면 불행해질 수 있습니다. 사람들은 이점을 간과합니다. 불조심 하지 않다가 집에 불이 났다면 수리하거나 다시 지으면 됩니다. 차 조심을 하지 않다가 사고로 다쳤다면 병원에 가면 됩니다. 그러나 사람을 조심하지 않다가 어려움을 당하면 그야말로 패가망신을 당할 수 있습니다.

종말의 때가 가까워질수록 실족하지 않으려면 사람을 조심해야 합니다. '너 시험을 당해(342장)'라는 찬송가에 보면 '네 친구를 삼가 잘 선택하고 너 언행을 삼가 늘 조심하라'는 가사가 있습니다. 잘못된 친구와 만나 함께 언행을 섞다 보면 큰 낭패를 볼 수 있습니다. 지혜로운 자는 사람을 조심하여 사귑니다.

잠언 26장은 '미련한 자, 게으른 자, 거짓말하는 자를 조심하라'는 이야기입니다.

어떤 사람이 미련하다고 판단되면 멀리하십시오. 어떤 사람이 매사에 게으르다고 판단되면 함부로 같이 사업을 하지 마십시오. 어떤 사람이 거짓말을 한다면 가까이 지내지 마십시오.

미련한 자

잠언 26장 1절에서 12절까지의 말씀은 미련한 자를 경계하라는 이야기입니다.

4절에 보면 "미련한 자의 어리석은 것을 따라 대답하지 말라 두렵건대 너도 그와 같을까 하노라"고 말합니다. 즉, 미련한 자와 말을 섞고 지내다 보면 똑같은 사람이 된다는 말씀입니다. 사람은 함께 있는 자들과 서로 영향력을 주고받기 때문에 아무리 조심한다 할지라도 점차 닮아갑니다. 절구에 넣어 빻아도 없어지지 않을 '미련함'이 어느새 흔적으로 남게 됩니다. 마음이 즐겁다가도 우울한 사람을 만나면 마음이 갑자기 우울해집니다. 흰옷을 입고 연탄가게에 들어가면 더러워질 수 있는 것과 같습니다.

6절에서는 미련한 자를 통해 소식을 전하는 것은 자기의 발을 잘라버리는 것과 같은 해를 자초하는 것이라고 경고하고 있습니다. 왜 분별하지 못하고 미련한 자와 계속 교제하다가 해를 받습니까? 주위에 미련한 자가 있으면 중보하고 잘 지도하라고 주님이 붙여주셨지 그 사람과 깊게 사귀라고 붙여준 것이 아닙니다.

9절 말씀에서는 "미련한 자의 입의 잠언은 술 취한 자가 손에 든 가시나무 같다"라고 이야기합니다. 술 취한 자가 손에 가시나무를 들고 막 휘두르면 주위 사람들이 그 가시에 상처를 받습니다. 미련한 자의 잠언은 해를 끼칩니다. 지혜자의 잠언은 읽는 자에게 교훈을 주지만, 미련한 자의 잠언은 사람들에게 교훈이 아니라 해를 줍니다.

미련한 자는 악한 습관을 끊지 못합니다. 11절에서는 "개가 그 토한 것을 도로 먹는 것 같이 미련한 자는 그 미련한 것을 거듭 행하느니라"고 말합니다. 지혜로운 자와 동행하면 지혜를 얻고 미련한 자와 사귀면 해를 받습니다.잠 13:20 호감을 주는 외모라 할지라도, 성격이 좋아 보인다 할지라도, 동창 동향이라 할지라도, 나에게 친절을 베푸는 사람이라 할지라도 미련하면 사귀지 마십시오.

미련한 자는 자기를 지혜롭게 여깁니다.잠 26:5 잘난 체하는 사람을 가까이하지 마십시오. 미련한 자의 악한 영향력을 과소평가하면 안 됩니다. 충성된 자가 게으른 자의 말을 듣고 시험에 들 수 있습니다. 기도하는 자가 기도하지 않는 자의 말을 듣고 실족할 수 있습니다. 믿음이 좋았던 자가 믿음이 하나도 없는 자의 말을 듣고 믿음을 잃어버릴 수 있습니다. 미련한 자와 사귀어서는 안 됩니다. 같이 미련해집니다.

게으른 자

게으른 자를 조심하십시오.

13절에서 17절까지의 말씀은 게으른 자의 이야기입니다. 게으른 자는 "길에 사자가 있다 거리에 사자가 있다"잠 26:13 하면서 "사자가 밖에 있으니 나가면 거리에서 찢기게 될까 두렵다"잠 26:13 하고 많은 핑계를 댑니다. 게으른 자는 무슨 일을 하려고 하면 핑계와 구실부터 대고 움직이지 않습니다. 이유를 대며 못하겠다고 합니다. 그뿐만 아니라 다른 사람도 일을 하지 못하도록 방해하며 미혹합니다. 거기에 넘어가면 안 됩니다. 하고자 하는 자는 방법을 찾고, 게으른 자는 구실을 찾습니다.

게으른 사람은 자기 일은 하지 않고 남의 일에만 간섭을 합니다. 17절에 "길로 지나가다가 자기와 상관없는 다툼을 간섭하는 자는 개의 귀를 잡는 자와 같다"고 합니다. 놀기만 하면서 남의 밭에 콩 심으라, 팥 심으라 하는 사람들이 있습니다. 이런 게으른 사람들은 사나운 개에게 물리듯이 어려움을 당할 것입니다.

게으른 자는 그 손을 그릇에 넣고도 입으로 올리기를 괴로워합니다.^{잠 26:15} 게으른 자는 "힘들다", "어렵다", "인생살이가 괴롭다"라고 늘 불평합니다. 누가 게으른 사람입니까? 바로 사리에 맞게 대답하는 사람 일곱보다 자기를 지혜롭게 여기는 사람입니다.^{잠 26:16} 게으른 사람은 다른 모든 사람보다 자신이 가장 지혜롭다고 여겨, 자신의 의견을 주장하며 상대방의 말에 귀를 기울이지 않습니다.

게으름은 악한 것입니다. 예수님은 악하고 게으른 종에 대하여 말씀하셨습니다.^{마 25:26} 한 달란트 받은 종이 주인에게 "당신은 굳은 사람이라 심지 않은 데서 거두고 헤치지 않은 데서 모으는 줄을 내가 알았으므로"^{마 25:24} 땅에 숨겼다고 핑계를 댑니다. 악하고 게으른 종, 무익한 종은 바깥 어두운데 쫓겨나 슬피 울며 이를 갈게 되었습니다.^{마 25:30} 잠언 21장 25절에서는 "게으른 자의 욕망이 자기를 죽이나니 이는 자기의 손으로 일하기를 싫어한다"고 합니다. 게으른 자와 사귀지 않고, 충성된 자, 근면한 자, 성실한 자를 사귀는 것이 지혜입니다.

거짓말하는 자

거짓말하는 자를 조심하십시오.

18절에서 28절까지의 말씀은 기만하고 거짓말하는 자에 대한 이야기입니다. 속이는 자를 18절에서는 "횃불을 던지며 화살을 쏘아서 사람을 죽이는 미친 사람", 19절에서는 "자기 이웃을 속이고 희롱하는 자", 20절에서 21절까지의 말씀에서는 "다툼을 좋아하고 시비를 좋아하는 자"로 비유하고 있습니다.

거짓말하는 자는 남의 말 하기를 좋아합니다. 남의 말을 하다 보면 없는 말도 덧붙이게 됩니다. 22절에 "남의 말 하기를 좋아하는 자의 말은 별식과 같아서 뱃속 깊은 데로 내려가느니라"고 했습니다.

거짓말하는 사람은 겉으로 말하는 것과 속마음이 다릅니다. 그래서 25절 말씀에서도 거짓말하는 사람의 말이 좋은 말이라 할지라도 믿지 말라고 합니다. 왜냐하면, 그 마음에 일곱 가지 가증한 것이 있기 때문입니다. 입술로는 거짓을 꾸미고, 속으로는 속임을 품기 때문에 잠 26:24 결국 거짓말은 드러납니다. 거짓말하는 자는 해를 끼치고도 미안해하기는커녕 오히려 미워합니다. 잠 26:28 거짓말하는 자를 사귀지 마십시오.

지혜는 사람을 조심하는 것입니다.

고린도전서 15장 33절과 34절에서는 "속지 말라 악한 동무들은 선한 행실을 더럽히나니 깨어 의를 행하고 죄를 짓지 말라"고 경계하고 있습니다.

속이는 영은 누구입니까? 우리는 미련하고 게으르고 거짓말하는 자의 배후에 어두운 영이 있다는 것을 알아야 합니다. 사탄이 도사리고 있다는 것을 알아야 합니다.

그래서 사탄은 대적해야 하지만, 미련하고 게으르며 거짓말하는 자는 불쌍히 여기고 예수 그리스도의 이름으로 중보해야 합니다.

사귐은 피해야 하지만, 그들을 위해서 사랑으로 기도해야 합니다.

지혜로 미련을 이기고, 성실로 게으름을 이기고, 진실함과 정직함으로 거짓을 이겨야 합니다.

잠언 27장

지혜는
만남을 복되게 합니다

만남의 축복

잠언 27장은 인간관계의 중요성에 관해 이야기하고 있습니다.

인생의 승패는 만남의 복에 달려 있습니다. 잠언에서는 지혜로운 자와 동행하고 미련한 자와 사귀지 말라고 거듭 이야기하고 있습니다. 잠언 17장 12절에서는 차라리 새끼 빼앗긴 암곰을 만날지언정 미련한 일을 행하는 미련한 자는 만나지 말라고 경계하고 있습니다. 미련한 자와 동행할 때 받는 피해가 새끼를 빼앗겨 사나워진 암곰을 만나 당하는 해보다도 훨씬 크기 때문입니다. 인생의 행복은 지혜로운 자와의 만남에 있습니다.

22절에 보면 미련한 자를 곡물과 함께 절구에 넣고 공이로 찧을지라도 그의 미련은 벗겨지지 아니한다고 했습니다. 미련함에서 벗어나는 것은 불가능합니다. 오직 하나님의 은혜로만 벗어날 수 있습니다. 본문은 미련한 자가 어떤 사람인가를 보여주고 있습니다. 미련한 자는 내일 일을 자랑하는 자입니다.잠 27:1 스스로 자기를 칭찬하고잠 27:2, 분노와 투기에 사로잡혀 있는 자입니다.잠 27:3-4 함부로 보증을 서서 스스로 인생을 어렵게 하는 사람입니다.잠 27:13 특히 매사에 만족함이 없는 사람입니다.

> 스올과 아바돈은 만족함이 없고 사람의 눈도 만족함이 없느니라
> 잠 27:20

스올은 지옥을 말하고, 아바돈은 사단을 이야기합니다. 지옥과 사단은 만족함이 없습니다. 미련한 자는 이같이 무엇으로도 만족함이 없는 자입니다. 우리의 만족은 스스로 있는 것이 아니라 하나님께로부터 납니다.고후 3:5

복된 친구와의 만남

지혜는 만남을 복되게 합니다.
그러면 누구와의 만남이 복되어야 할까요?
첫 번째, 친구와의 만남이 복되어야 합니다.
5절과 6절에 보면 "면책은 숨은 사랑보다 나으니라 친구의 아픈 책망은 충직으로 말미암는 것이니 원수의 잦은 입맞춤은 거짓에서 난 것이니라"고 했습니다. 진정한 친구는 때로 얼굴 앞에서 충고와 책망을 하기도 합니다. 그러나 거짓된 친구는 듣기에 좋은 이야기만 합니다. 친구의 충성스런 책망은 약과 같이 쓰지만 결국 나중에는 유익이 됩니다. 9절에도 기름과 향이 사람의 마음을 즐겁게 하나니 친구의 충성된 권고가 아름답다고 했습니다. 충성된 권고를 해주는 친구는 마치 좋은 향수와 같아서 사람의 마음을 기쁘게 합니다.

17절에 보면 "철이 철을 날카롭게 하는 것 같이 사람이 그의 친구의 얼굴을 빛나게 한다"고 했습니다. 좋은 친구는 격려와 충고를 통해 서로가 성숙하도록 돕습니다. 또 19절에 "물에 비치면 얼굴이 서로 같은 것 같이 사람의 마음도 서로 비치느니라"고 했습니다. 진정한 친구 관계는 서로의 모습을 바라보며 자기를 발견하고 아름답게 변화시켜 나갑니다. 다윗이 모든 역경을 이기고 왕의 자리에 오를 수 있었던 것은 요나단과 같은 진실한 친구, 생명과도 같은 친구, 사랑하는 친구를 만났기 때문입니다.

우리가 복된 사람이 된 것은 친구 되신 예수님을 만났기 때문입니다. 요한복음 15장 13절과 14절에 "사람이 친구를 위하여 목숨을 버리면 이보다 더 큰 사랑이 없나니 너희는 내가 명하는 대로 행하면 곧 나의 친구라"고 했습니다. 예수님은 우리를 구원하기 위해 자기의 목숨을 버리면서까지 우리를 사랑하시고 친구가 되어 주셨습니다. 예수님과 같은 친구를 만나는 복이 있기를 바랍니다. 그리고 여러분들이 좋은 친구를 만나기 이전에 예수님처럼 좋은 친구가 되어 주시기를 바랍니다.

복된 가족간의 만남

두 번째, 가족 간의 만남이 복되어야 합니다.

가정은 모든 관계의 기초가 됩니다. 가족관계 안에서 사랑을 배우고, 가치를 배우고, 섬김을 배웁니다. 가정이 흔들리면 사회질서가 무너집니다. 가정은 인간의 관계와 삶에서 중요한 역할을 담당합니다. 그런데 이런 복된 기능이 깨어진 안타까운 가정들이 보입니다.

10절에 "네 친구와 네 아비의 친구를 버리지 말며 네 환난 날에 형제의 집에 들어가지 말지어다 가까운 이웃이 먼 형제보다 나으니라"고 했습니다.

사랑으로 동고동락해야 할 가족이 친구보다도 이웃보다도 못한 경우가 있습니다. 어려울 때 가족이 서로 도와야 하는데 오히려 외면해 친구나 이웃을 찾아 나서야 하는 경우가 있습니다. 친한 친구보다도 더 가까워야 할 형제가 먼 형제가 되어버린 것입니다. 차라리 부모나 형제지간이 아니라면 잊어버리면 그만이겠지만, 그러지도 못하고 깊은 상처를 안고 살아가는 관계가 되어 버립니다.

우리 모두에게는 하나님이 맺어주신 부모, 형제 관계를 아름답고 복되게 만들어 가야 할 사명이 있습니다. 가족 구성원 상호 간에 자기의 책임을 다하며 격려와 협조 속에 천국 같은 가정을 이루어야 합니다. 행복한 가정은 천국을 미리 맛보는 것입니다. 가족 간에 사랑과 인내로 복된 가정을 함께 이루어 나가야 합니다.

> 내 아들아 지혜를 얻고 내 마음을 기쁘게 하라 그리하면 나를 비방하는 자에게 내가 대답할 수 있으리라 잠 27:11

한 부모 밑에서 자라나지만 어떤 자녀는 효도하고 어떤 자녀는 불효합니다. 효도하는 자녀를 만나는 것이 복입니다. 효도하는 지혜로운 자녀를 볼 때 부모의 마음은 즐겁습니다. 그러나 미련한 자녀는 부모의 근심이 됩니다. 잠언 15장 20절에 "지혜로운 아들은 아비를 즐겁게 하고 어미를 업신여기는 자는 어미의 근심이 된다"고 했습니다. 부모와 자녀의 만남이 복된 만남이 되도록 가정에서 자녀들로 하여금 부모공경을 배우게 해야 합니다. 또 부모는 훌륭한 믿음의 부모가 되어 자녀에게 복된 부모가 되어야 합니다.

15절에 "다투는 여자는 비 오는 날에 이어 떨어지는 물방울이라"고 했습니다. 여기서 '다투는 여자'는 잔소리가 심하고, 이어 떨어지는 물방울처럼 끝없이 성가시게 하고, 따지며 바가지를 긁는 아내를 가리킵니다. 잠언 21장 9절, 잠언 25장 24절에 보면 다투는 여인과 큰 집에서 사는 것보다 움막에서 혼자 사는 것이 낫다고 반복해서 이야기합니다. 잠언 21장 19절에도 다투며 성내는 여인과 함께 사는 것보다 광야에서 사는 것이 낫다고 했습니다. 비단 아내뿐만이 아닙니다. 다투는 남편도 마찬가지입니다.

부부간에도 서로 좋은 만남을 만들어가야 합니다. 아나니아와 삽비라의 만남은 불행한 만남이었습니다.^{행 5:1-11} 그러나 브리스길라와 아굴라의 만남은 얼마나 아름다운 만남입니까?^{롬 16:3-4} 이 부부는 바울의 동역자가 되어 목숨까지도 내어놓고 주의 나라를 위하여 함께 수고했습니다.

현재 잘못된 가족의 만남으로 아파하고 괴로워하는 가정이 있을 수 있습니다. 낙심하지 마십시오. 희망이 있습니다. 불행한 가족의 만남도 예수 안에서는 복된 가정의 만남으로 바뀔 수 있습니다.

주 예수를 믿으라 그리하면 너와 네 집이 구원을 얻으리라^{행 16:31}

복된 이웃과의 만남

세 번째, 이웃과의 만남이 복되어야 합니다.

'이웃사촌'이라는 말이 있습니다. 비록 남남이라도 이웃에 살면서 정이 들어 사촌 형제나 다를 바 없이 가까이 지내는 이웃이라는 뜻입니다. 좋은 이웃과의 관계는 서로 돌보고 궂은 일도 도와주며 기쁨을 함께 나누는 가족과도 같은 복된 관계입니다. 이런 복된 만남을 소중히 여기고 존중하는 지혜가 필요합니다.

14절에 "이른 아침에 큰 소리로 자기 이웃을 축복하면 도리어 저주같이 여기게 되리라"고 했습니다. 이 말씀은 가까이 지내는 이웃 간에도 사리를 분별하여 배려해야 함을 교훈해 주고 있습니다. 아무리 이웃을 축복한다 할지라도 때와 상황에 맞지 않으면 오히려 상대방에게는 저주같이 느껴지게 된다는 것입니다. 그러므로 이웃과의 만남이 복되려면 모든 일을 사랑으로 행해야 합니다. 사랑은 자기의 유익을 구하지 않고 남의 유익을 구합니다. 아침부터 큰 소리로 들으라고 떠들어 댄다는 것은 겉으로는 축복하는 것 같아도 실상은 자기를 자랑하는 것일 뿐입니다. 사랑이 없는 것입니다. 이런 사람은 좋은 이웃이 아닙니다.

8절에 "고향을 떠나 유리하는 사람은 보금자리를 떠나 떠도는 새와 같으니라"고 했습니다. 홀로 있기를 좋아하고, 무엇이든지 혼자 하려 하고, 사람들과 어울려 살기를 회피하는 사람은 결코 좋은 이웃이 될 수 없습니다. 좋은 이웃을 만나는 것도 중요하지만 내가 좋은 이웃이 되는 것이 더욱 중요합니다. 하나님은 사람이 함께 더불어 살아가도록 지으셨습니다. 사람은 혼자 살아갈 수 없습니다. 몸처럼 서로 연결되어 살아가야 합니다. 자기 생각 속에 갇혀 이기적으로 혼자 사는 것이 아니라 이웃과 더불어 살아가야 합니다.

누가복음 10장에는 한 율법 교사가 예수님께 나아와 질문을 합니다. 어떻게 영생을 얻겠느냐고 묻는 그에게 예수님은 하나님 사랑과 이웃 사랑을 실천하라고 말씀하십니다. 이에 율법 교사는 자기를 옳게 보이려고 반문합니다. "그러면 내 이웃이 누구니이까?"눅 10:29 예수님께서는 강도 만난 자를 살린 선한 사마리아인의 이야기를 해 주시면서 "누가 강도 만난 자의 이웃이 되겠느냐?"고 물으십니다.눅 10:36 이 말씀을 통해 예수님은 내 마음에 드는 이웃만을 찾지 말고 누구에게나 좋은 이웃이 되라는 교훈을 주십니다.

어려움을 당한 이웃을 외면하는 것이 아니라 사랑과 긍휼을 베푸는 좋은 이웃이 먼저 될 때 이웃 간의 복된 만남이 이루어질 수 있습니다.

지혜는 만남을 복되게 합니다.

성도들은 세상을 살아가면서 좋은 친구, 좋은 가족, 좋은 이웃이 되어 복된 만남을 만들어가는 축복의 통로, 지혜로운 자들이 되어야 합니다.

만남의 복은 그리스도와의 참된 만남으로부터 시작됩니다.

잠언 28장

지혜는
구원에 이르게 합니다

구원에 이르게 하는 지혜

지혜는 사람을 온전하게 만들고 모든 관계를 복되게 합니다.

26절에 "자기의 마음을 믿는 자는 미련한 자요 지혜롭게 행하는 자는 구원을 얻을 자니라"고 했습니다. 지혜는 자기 마음을 믿는 미련에서 벗어나 하나님을 믿는 믿음으로 구원에 이르게 합니다.

잠언 28장의 지혜는 자신의 내면을 살펴볼 줄 알고, 위에 계신 하나님을 바라볼 줄 알며, 이웃을 돌아볼 줄 아는 것을 말합니다. 자신이 누구인지도 모르고, 하나님도 알지 못하며, 이웃도 모르는 사람은 어리석고 미련한 사람입니다.

구원은 단지 죄에서 구원받고 죽어 천국에 가는 것만을 의미하지 않습니다. 예수 믿은 이후에 모든 삶은 구원받은 자로서의 삶이어야 합니다. 예수님은 죄와 심판에서만 우리를 구원하시는 분이 아니라 삶의 전 영역에서 하나님의 뜻을 이루도록 구원하십니다.

담대함

첫 번째, 담대함으로 구원에 이릅니다.

구원은 믿음으로 받습니다. 그 믿음은 마음의 담대함으로 나타납니다.

> 악인은 쫓아오는 자가 없어도 도망하나 의인은 사자 같이 담대하니라 잠 28:1

악인은 하나님을 모르는, 구원을 받지 못한 자를 말합니다. 악인은 항상 그 마음이 짓눌려 있어서 불안과 두려움 속에서 살아갑니다. 이사야 48장 22절과 57장 21절에 보면 하나님께서 "악인에게는 평강이 없다"고 말씀하셨습니다. 악인은 항상 무엇인가에 쫓기듯이 세상을 살아갑니다. 일이 잘되어가는 중에도 불안해하고, 잘못되면 완전히 절망의 늪에 빠져 헤어나오지 못합니다. 불안함을 떨치기 위해 재물을 의지해 보지만 결국은 헛될 뿐입니다.

22절에 "악한 눈이 있는 자는 재물을 얻기에만 급하고 빈궁이 자기에게로 임할 줄은 알지 못하느니라"고 했습니다. 악한 자들은 미련하여 하나님을 의지하는 대신 자기 마음을 믿고 재물을 의지하기 때문에 결국 패망에 이릅니다.

반면, 의인은 하나님을 믿음으로 사자같이 담대합니다. 임마누엘의 하나님이 항상 함께하심을 믿기 때문에 어떤 상황 가운데서도 강하고 담대할 수 있습니다. 소년 다윗은 블레셋 장군이었던 거인 골리앗 앞에서도 두려워 떨지 않았습니다. 믿음이 없었던 사울 왕과 이스라엘 군대는 골리앗 앞에서 두려워 떨며 감히 맞서지도 못했지만, 어린 다윗은 하나님을 믿는 믿음으로 골리앗을 향해 담대히 외쳤습니다.

> 너는 칼과 창과 단창으로 내게 나아 오거니와 나는 만군의 여호와의 이름 곧 네가 모욕하는 이스라엘 군대의 하나님의 이름으로 네게 나아가노라 오늘 여호와의 구원하심이 칼과 창에 있지 아니함을 이 무리에게 알게 하리라 전쟁은 여호와께 속한 것인즉 그가 너희를 우리 손에 넘기시리라 삼상 17:45,47

하나님을 의지하여 담대했던 다윗은 물매로 돌을 던져 골리앗의 이마를 쳐 넘어뜨렸습니다. 믿음의 담대함으로 승리했습니다.

지혜로운 자의 마음에는 염려, 근심, 불안, 초조, 두려움이 없습니다. 히브리서 10장 35절에 보면 "그러므로 너희 담대함을 버리지 말라. 이것이 큰 상을 얻게 하느니라"고 했습니다. 우리는 믿음으로 의인이 되었기에 결코 믿음을 져버려서는 안 됩니다. 믿음 대신 육신의 생각이나 세상 풍속에 따라 살면 담대함을 잃어버리게 됩니다. 이러한 자는 믿음으로 사는 자에게 주어지는 상급을 받지 못합니다.

말세가 되면 많은 사람이 믿음에서 떠나 근심으로 자기를 찌른다고 했습니다. 딤전 6:10 그러나 성도는 어떤 환란 가운데서도 주님이 주시는 믿음으로 사자같이 담대하여 승리의 면류관을 받아야 합니다.

> 그가 또 언약을 배반하고 악행하는 자를 속임수로 타락시킬 것이나 오직 자기의 하나님을 아는 백성은 강하여 용맹을 떨치리라 단 11:32

회개함

두 번째, 회개함으로 구원에 이릅니다.
구원 얻는 믿음은 회개를 통해 얻게 됩니다.

> 자기의 죄를 숨기는 자는 형통하지 못하나 죄를 자복하고 버리는 자는 불쌍히 여김을 받으리라 잠 28:13

이런 말이 있습니다. "천국은 회개한 죄인이 가는 곳이고, 지옥은 회개하지 않은 죄인이 가는 곳이다." 무슨 의미입니까? 회개해야 천국에 간다는 의미입니다. 세례 요한은 "회개하라 천국이 가까이 왔느니라"고 했습니다.마 3:2 예수님께서도 "회개하라 천국이 가까이 왔느니라"고 전파하셨습니다.마 4:17

회개해야 믿음이 생기고 그 믿음으로 구원을 얻게 됩니다.막 1:15; 엡 2:8

회개는 도덕적인 죄에 대하여 뉘우치거나 반성하는 것이 아닙니다. 회개는 근본적으로 내가 하나님 앞에서 죄인임을 깨닫고 고백하는 데서부터 출발합니다. 사람이 죄를 지어서 죄인이 아니라 죄인이기에 죄를 짓는 것입니다. 마치 사과나무가 사과 열매를 맺었기에 사과나무인 것이 아니라, 사과나무이기에 사과 열매를 맺는 것과 같은 이치입니다. 사람은 태어날 때부터 첫 사람 아담의 죄를 전가 받아 죄인으로 태어납니다. 모든 사람은 다 죄인입니다.롬 3:10 의인은 한 사람도 없습니다. 모든 사람이 죄를 범하였으므로 누구도 하나님의 영광에 이르지 못합니다.롬 3:23

죄에는 반드시 심판이 따릅니다. 죄에서 구원받아야 할 이유가 여

기 있습니다. 죄인으로 태어나 죄를 짓다가 죄인으로 죽으면 심판밖
에 없습니다. 사람이 한 번 죽는 것은 정한 이치입니다. 죄인으로 죽
게 되면 그 영혼이 음부에 내려갔다가 세상 끝날에 육체가 부활하여
악인의 심판에 처함으로 영혼과 몸이 영원한 지옥 불에 떨어지게 됩
니다. 의인은 영생에 이르지만, 악인은 영벌에 이르고 맙니다.마 25:46

하나님은 악인이 멸망에 이르는 것을 기뻐하지 않으십니다. 사랑
의 하나님은 죄인들에게 구원의 길을 열어 놓으셨습니다. 죄 없으신
하나님의 아들을 죄 있는 육신의 모양으로 이 땅에 보내셔서 인류
의 죄를 담당케 하셨습니다. 하나님의 아들은 메시아, 즉 그리스도
로 이 땅에 오셔서 죄인들을 구원하고자 십자가에 달려 대속의 피를
흘리시고 사흘 만에 부활하셨습니다. 이 분이 바로 예수님이십니다.

예수를 믿으면 구원을 받습니다. 예수라는 이름은 '죄에서 구원할
자'라는 뜻입니다.마 1:21 예수님은 성령으로 잉태되어 나신 하나님의
아들이시기에 죄가 없는 의인입니다. 이 세상에 의인은 한 사람도 없
었지만, 하나님의 아들이 유일한 의인이 되어 죄인들의 죄를 담당하
고 십자가에서 피를 흘리셨습니다. 그 피로 우리의 죄를 사하시고 죄
인들을 용서해 주셨을 뿐만 아니라 의인 되게 해 주셨습니다. 심판에
이르는 멸망 대신에 구원에 이르는 영생을 주셨습니다.

> 하나님이 세상을 이처럼 사랑하사 독생자를 주셨으니 이는 저를
> 믿는 자마다 멸망하지 않고 영생을 얻게 하려 함이라요 3:16

예수 외에는 구원 얻을 만한 다른 이름이 없습니다. 예수를 믿어야

만 구원이 있습니다. 누가 예수를 믿는 자입니까? 회개하는 자입니다. 십자가를 바라보며 '왜 하나님의 아들이 십자가에서 저주를 받으셨는가, 피를 흘리셨는가, 바로 나를 구원하시고자 함이었다'는 것을 깨닫고 회개하는 자입니다.

내가 죄인임을 부정하는 것은 자신을 속이고 하나님을 거짓말하는 자로 만드는 엄청난 죄를 짓는 것입니다. 요한일서 1장 8절과 10절에 "만일 우리가 죄가 없다고 말하면 스스로 속이고 또 진리가 우리 속에 있지 아니할 것이요 만일 우리가 범죄하지 아니하였다 하면 하나님을 거짓말하는 이로 만드는 것이니"라고 했습니다. 하나님은 모든 사람이 다 죄인이라고 말씀하시는데 '나는 죄인이 아니다'라고 한다면 하나님을 거짓말하는 하나님으로 정죄하는 것입니다.

하나님 앞에서 "나를 불쌍히 여기소서 나는 죄인입니다"눅 18:13라고 고백하고 회개할 때 십자가에서 흘리신 예수의 피가 내 모든 죄를 사하는 사죄함의 은총을 받게 됩니다. 이 순간 믿음으로 의인이 되고, 하나님의 자녀가 되고, 영생을 얻어 천국에 이르게 되는 것입니다.

내가 죄인임을 부정하고 내 죄를 숨기면 형통하지 못합니다. 세상에서도 형통하지 못할 뿐 아니라 죽어서도 형통하지 못하게 됩니다. 그러나 내가 죄인임을 깨닫고 자기 죄를 버리며 회개하는 자는 형통하게 됩니다. 이 세상에서도 형통할 뿐 아니라 죽어서도 형통하게 됩니다. 천국같이 살다가 천국에 가게 됩니다.

회개하여 의롭다 칭함을 받고 구원을 얻었다 할지라도, 삶 속에서 짓는 죄들을 회개하면서 의인답게 살아가야 합니다. 죄는 하나님께로부터 오는 좋은 것을 막는 걸림돌입니다.렘 5:25 죄는 하나님이 주시는 복을 가로막습니다.

잠언에서는 우리가 회개하고 버려야 할 죄의 모습들을 자주 보여주고 있습니다. 28장에서도 많이 나옵니다. 가난한 자를 멸시하는 죄, 말씀에서 벗어나는 죄, 정의를 깨닫지 못하는 죄, 식탐의 죄, 부모님을 욕되게 하는 죄, 고리대금으로 재산을 늘리는 죄, 자기를 지혜롭게 여기는 교만의 죄, 마음이 완악한 죄, 포악하게 행동하는 죄, 살인죄, 방탕의 죄, 뇌물의 죄, 아첨하는 죄, 남의 것을 도적질하는 죄, 탐욕의 죄 등 셀 수 없이 많은 죄가 열거되어 있습니다.

하나님은 죄를 자복하고 버리는 자를 불쌍히 여기십니다. 긍휼히 여기시고 은혜를 베푸십니다. 각양 좋은 은사와 온전한 선물로 그 인생을 복되게 하시고 구원에 이르게 하십니다. 약1:17

지혜는 무엇입니까? 내가 죄인임을 깨닫고 회개하여 구원에 이르는 것입니다. 미련함은 무엇입니까? 죄인임을 부정하고 죄를 숨기다가 심판을 받는 것입니다.

사울 왕과 다윗 왕은 똑같은 죄인이었습니다. 그러나 사울 왕은 불순종의 죄를 회개하지 않다가 심판을 받았고, 다윗 왕은 자기가 죄인임을 고백하고 거짓과 음란과 살인의 죄를 회개하여 구원함에 이르렀습니다. 사울은 미련하여 심판을 받았고 다윗은 지혜로워 구원을 받았습니다.

하나님은 여러분을 기다리십니다. 죄인들이 회개하고 돌아오기를 애타게 기다리십니다. 탕자라 할지라도 회개하고 돌아오면 모든 것이 회복되는 구원의 은총을 받습니다. 회개하지 않으면 망하지만, 회개하면 생명에 이릅니다. 눅 13:3,5; 행 11:18

> 항상 경외하는 자는 복되거니와 마음을 완악하게 하는 자는 재앙에 빠지리라 잠 28:14

성실함

세 번째, 성실함으로 구원에 이릅니다.

지혜로운 사람은 성실한 삶을 삽니다. 다른 사람을 돕고 섬기기 위해서 늘 근면 성실하게 행동합니다.

> 가난하여도 성실하게 행하는 자는 부유하면서 굽게 행하는 자보다 나으니라 잠 28:6
>
> 정직한 자를 악한 길로 유인하는 자는 스스로 자기 함정에 빠져도 성실한 자는 복을 받느니라 잠 28:10
>
> 성실하게 행하는 자는 구원을 받을 것이나 굽은 길로 행하는 자는 곧 넘어지리라 잠 28:18

본문에서는 구원받은 자가 성실하게 살아야 할 것에 대해 교훈하고 있습니다. 구원받은 자는 그 열매가 성실함으로 나타나야 합니다. 재물을 얻기에만 급급하여 성실을 버리고 욕심과 인색함과 거짓으로 부를 쌓는 자는 진정한 구원에 이를 수 없습니다. 성실하게 살아야 복을 받습니다. 19절 이하에는 성실하게 사는 자의 모습이 나옵니다. 욕심을 부리지 않고 주어진 자기의 토지를 경작하는 자, 충성된 자, 여호와를 의지하는 자, 가난한 자를 구제하는 자의 모습 속에서 성실함이 발견됩니다. 이런 성실한 자들은 복을 받아 풍요로움을 누립니다.

> 충성된 자는 복이 많아도 속히 부하고자 하는 자는 형벌을 면하지 못하리라 잠 28:20

> 욕심이 많은 자는 다툼을 일으키나 여호와를 의지하는 자는 풍족하게 되느니라 잠 28:25

가난하든 부하든 성실하게 사십시오. 성실하여 이웃에게 베풀고 많은 사람을 도우며 섬기는 삶을 살아야 합니다. 27절에 "가난한 자를 구제하는 자는 궁핍하지 아니하려니와 못 본 체하는 자에게는 저주가 크리라"고 했습니다. 베푸는 것이 아까워서 가난한 자를 외면한다면 불신자보다도 더 못한 자입니다. 성실하게 근검절약하며 살아가야 하는 이유가 무엇이겠습니까? 이웃을 돕고 섬기기 위해서입니다.

해 아래의 삶은 끝이 있습니다. 성공하든 실패하든, 부하든 가난하든, 행복하든 불행하든, 건강하든 나약하든 모든 인생은 끝이 있습니다. 이것 때문에 사람들은 종종 허무해 하기도 합니다. 어떤 사람은 어차피 죽을 것이니 사는 동안 먹고 마시며 즐기자며 방탕하게 살아갑니다. 또 어떤 사람은 삶의 꿈도 없이, 의욕도 없이 하루하루를 무의미하게 대충 살아갑니다. 하지만 그리스도인의 삶은 다릅니다. 사명이 분명합니다. 그리스도인은 '하고 싶은 일'을 위해 사는 것이 아니라 '해야 할 일'을 위해 살아갑니다. 하고 싶은 일을 위해 사는 자는 성공이 목표이지만, 해야 할 일을 위해 사는 자는 사명이 목표입니다. 전도와 선교, 구제와 선행이 그리스도인의 사명입니다.

사람들은 편안히 쉬고, 먹고, 마시고, 즐기는 것을 인생의 목표로 삼고 평생을 살아갑니다.눅 12:19 그러나 기억해야 합니다. 언젠가 주님이 심판하실 날이 올 것입니다. "어리석은 자여 오늘 밤에 네 영혼을 도로 찾으리니 그러면 네 준비한 것이 누구의 것이 되겠느냐."눅 12:20 오늘밤이라도 주님이 오라 하시면 모든 것을 다 두고 가야 하는 것이 인생입니다. 사람은 빈손으로 왔다가 빈손으로 갑니다.

인생의 마지막이 오기 전에 성실히 사는 지혜가 있어야 합니다. 빈손으로 가는 인생이지만 하나님을 위하여, 이웃을 위하여, 성실히 사는 자는 주님 앞에 서는 그 날에 상급을 받을 것입니다.

> 네가 이 세대에서 부한 자들을 명하여 마음을 높이지 말고 정함이 없는 재물에 소망을 두지 말고 오직 우리에게 모든 것을 후히 주사 누리게 하시는 하나님께 두며 선을 행하고 선한 사업을 많이 하고 나누어 주기를 좋아하며 너그러운 자가 되게 하라 이것이 장래에 자기를 위하여 좋은 터를 쌓아 참된 생명을 취하는 것이니라딤전 6:17-19

지혜는 구원에 이르게 합니다.
담대함으로, 회개함으로, 성실함으로 구원에 이르게 합니다.
지혜로 구원을 얻었기에 담대하게 믿음으로 살고, 회개함으로 의인답게 살고, 성실함으로 세상의 소금과 빛이 되어 복되게 살아갑니다.
구원에 이르는 지혜를 소유하기를 바랍니다.

잠언 29장

지혜는
책망을
달게 받는 것입니다

교훈과 책망과 바르게 함

잠언 29장의 교훈은 지혜는 책망을 달게 받는다는 것입니다.

1절에 "자주 책망을 받으면서도 목이 곧은 사람은 갑자기 패망을 당하고 피하지 못하리라"고 했습니다. 지혜로운 자는 책망이 있을 때 달게 받아 회개하여 망하지 않고 흥합니다. 그러나 미련한 자는 책망을 받을 때 마음을 닫고 강퍅하게 굴다가 예기치 않은 패망을 당합니다.

15절에 "채찍과 꾸지람이 지혜를 주거늘 임의로 행하게 버려 둔 자식은 어미를 욕되게 하느니라"고 했습니다. 아이가 방자하게 행하고 잘못할 때 '네 인생 네가 알아서 해라' 하며 무관심하게 두는 것이 아니라, 때로는 꾸지람을 하고 매를 가해서라도 그 아이를 지혜롭게 인도해야 합니다. 지혜자의 말씀은 찌르는 채찍과 같고, 스승의 말씀은 잘 박힌 못과 같다고 했습니다.전 12:11

지혜는 책망을 달게 받는 것입니다. 성경을 읽거나 말씀을 들을 때 책망하는 교훈이 있으면 겸손히 받아들여야 합니다. 부모가 자식을 책망할 때는 사랑해서 책망하는 것이지 미워해서가 아닙니다. 잘못을 꾸짖는 부모의 사랑을 알면 오히려 감사하며 그 책망을 받아들이게 됩니다. 이처럼 하나님이 말씀으로 책망할 때 하나님의 사랑을 깨닫고 달게 받아들이는 것이 지혜입니다.

디모데후서 3장 16절에서는 "모든 성경은 하나님의 감동으로 된 것으로 교훈과 책망과 바르게 함과 의로 교육하기에 유익하다"고 했습니다. 교훈 속에는 반드시 책망이 있습니다. 책망을 듣고 바르게 한다는 것은 부러진 뼈를 교정하는 것과 같습니다. 뼈를 교정할 때 엄청난 고통이 따르는 것처럼, 책망을 받아 바르게 할 때도 아픔이 따릅니다. 그러나 책망을 받아 아픔을 견디고 고치면 큰 유익이 있습니다.

잠언 1장 23절에 "책망을 듣고 돌이키라"고 했습니다. 지혜로운 사람은 책망을 받으면 겸손히 자신을 돌아보고 잘못에서 돌이킵니다. 그런 자에게 하나님은 성령을 부어주시고 말씀의 은혜를 주신다고 약속했습니다.

지혜 있는 자는 책망을 달게 받아 자신을 돌아보는 자입니다.

28장에서는 책망을 받을 때 다섯 가지를 거울삼아 자신을 돌아보라고 교훈합니다.

기쁨의 통로

첫 번째, 자신이 기쁨의 통로인지를 돌아봐야 합니다.

2절에 "의인이 많아지면 백성이 즐거워하고 악인이 권세를 잡으면 백성이 탄식하느니라"고 했습니다. '나 때문에 사람들이 즐거워하는가', '나 때문에 사람들이 탄식하며 사는가'를 돌아보십시오. 자신이 기쁨의 통로인지, 아니면 탄식의 통로인지를 생각해보라는 것입니다.

3절에 "지혜를 사모하는 자는 아비를 즐겁게 하여도 창기와 사귀는 자는 재물을 잃느니라"고 했습니다. 여러분은 가정에서 부모의 기쁨입니까, 아니면 슬픔입니까?

6절에 "악인이 범죄하는 것은 스스로 올무가 되게 하는 것이나 의인은 노래하고 기뻐하느니라"고 했습니다. 여러분은 지금 찬송하고 기뻐함으로 주위의 사람들에게 기쁨의 통로가 되고 있습니까? 자신을 살펴보십시오.

7절에 "의인은 가난한 자의 사정을 알아주지만 악인은 알아줄 지식이 없느니라"고 했습니다. 가난한 자의 사정을 알아 줄때 그 가난한 자가 얼마나 기뻐하며 위로를 받겠습니까? 성도는 선을 행하여 모든 슬퍼하는 자들에게 하나님의 위로와 기쁨을 전하는 자가 되어야 합니다.

> 나와 같이 모든 일에 모든 사람을 기쁘게 하여 자신의 유익을 구하지 아니하고 많은 사람들의 유익을 구하여 그들로 구원을 받게 하라 고전 10:33

분노를 다스리는 지혜

두 번째, 분노를 다스리고 있는가를 돌아보아야 합니다.

8절에 "거만한 자는 성읍을 요란하게 하여도 슬기로운 자는 노를 그치게 하느니라"고 했습니다. '나는 평소에 자주 화를 내고 있지는 않은가' 살펴보아야 합니다. 분노는 성격의 문제가 아니라 죄의 문제로 바라보아야 합니다. 세상에서는 분노를 죄라고 보지 않지만, 성경에서는 분노를 죄라고 규정하고 있습니다.^{갈 5:20}

11절에 "어리석은 자는 자기의 노를 다 드러내어도 지혜로운 자는 그것을 억제하느니라"고 했습니다. 노를 다 드러낸다는 것은 정제되지 않은 격렬한 감정을 그대로 표출하는 것을 말합니다. 표정에도 나타나고 몸짓으로도 드러나 상대방이 위협을 느끼게 됩니다. 이는 어리석고 부끄러운 것입니다. 지혜로운 자가 노를 억제한다는 것은 분노를 억지로 참아 누르는 것이 아닙니다. 상대방의 분노에 반응하지 않고 심연의 고요함과 같은 평안을 마음속에 유지하는 것입니다. 분노는 스스로 감정을 조절하거나 누른다고 해서 다스릴 수 있는 것이 아닙니다. 지혜가 내 속에서 역사할 때 오직 성령님의 도움으로 다스려집니다.

20절에 보면 조급한 사람이 나옵니다. "네가 말이 조급한 사람을 보느냐 그보다 미련한 자에게 오히려 희망이 있느니라"는 말씀이 보여주듯, 조급하면 화를 내고 분노하기 쉽습니다. 조급함도 성격이 아니라 다스려야 할 죄의 문제입니다.^{딤후 3:4}

22절에 "노하는 자는 다툼을 일으키고 성내는 자는 범죄함이 많으니라"고 했습니다. 화를 낼 때는 보통 옳고 그른 것을 따지다가 화를 냅니다. 시비를 가리며 자신의 의로움을 주장하다 보면 분노가 일어나고 말다툼까지 하게 됩니다.

그러나 화를 냈다면 그 자체로 이미 하나님의 의를 이루지 못한 것입니다. 야고보서 1장 20절에 "사람이 성내는 것이 하나님의 의를 이루지 못하느니라"고 했습니다. 자신의 의를 이루기 위해 화를 내지 말고, 하나님의 의를 이루기 위해 분노를 다스려야 합니다.

하나님의 꿈

세 번째, 나에게 비전이 있는가를 돌아보아야 합니다.

18절에 "묵시가 없으면 백성이 방자히 행하거니와 율법을 지키는 자는 복이 있느니라"고 했습니다. 묵시란 계시를 통해 비전이 제시되는 것을 말합니다. 하나님의 계시를 통해서 내가 무엇을 해야 할 것인가를 마치 그림을 보듯이 믿음으로 선명하게 보는 것입니다. 비전은 하나님의 말씀에서 오는 하나님의 꿈입니다. 하나님의 소원입니다. 하나님의 뜻입니다. 비전이 없으면 방자히 행합니다. 이것은 꿈도 없이 헛되이 살다가 패망한다는 것입니다. 호세아 4장 6절에 "이 백성이 지식이 없으므로 망한다"고 했습니다. 지금 내게 하나님의 꿈과 비전이 있는지 살펴보아야 합니다.

바울은 하나님의 꿈이 있었습니다. 하나님 나라의 비전을 품고 예수 그리스도의 복음을 땅끝까지 증거하고자 했습니다. 주 예수께 받은 사명, 곧 하나님의 은혜의 복음을 전하기 위해서는 생명도 아끼지 않았습니다.행 20:24 바울은 아시아뿐 아니라 유럽, 로마에서도 복음을 전하고자 하는 꿈을 가졌습니다.행 23:11 스페인까지라도 가서 복음을 전할 꿈을 가졌습니다.롬 15:28

"위대한 사람이란 따로 없다. 단지 위대한 꿈이 있을 뿐이다"라는 말이 있습니다. 세상에서 성공하여 위대한 사람이 되는 것이 아닙니다. 하나님의 꿈을 이루는 자가 하나님 나라에서 큰 자가 되는 것입니다.

말세에 내가 내 영을 모든 육체에 부어 주리니 너희의 자녀들은 예언할 것이요 너희의 젊은이들은 환상을 보고 너희의 늙은이들은 꿈을 꾸리라 행 2:17

존귀의 앞잡이 겸손

네 번째, 마음이 겸손한가를 점검해야 합니다.

23절에 "사람이 교만하면 낮아지게 되겠고 마음이 겸손하면 영예를 얻으리라"고 했습니다. 교만은 부풀어 오른 상태, 자랑을 말합니다. 자기 스스로 부풀려 과시하고 높이는 마음이 교만입니다. 거짓이 그 배후에 있습니다. 이런 교만한 자는 하나님의 영광을 구하는 것이 아니라 자기의 영광을 구하기에 결국 패망하게 됩니다. 토마스 아퀴나스는 "모든 죄악의 어머니는 교만이다"라고 했습니다. 하나님이 가장 싫어하는 것 중의 하나가 교만입니다. 교만하면 누구도 예외 없이 패망합니다. 교만이 무서운 것은 자기가 교만하다는 것을 알지 못하는 데 있습니다. 그래서 멸망합니다.

겸손이란 하나님 앞에서 자신을 낮추는 것입니다. 자신의 부족함을 깨달아 항상 배우려는 자세를 가지고 나보다 남을 낫게 여기는 것입니다. 겸손에는 반드시 상급이 따릅니다. 성경에는 겸손한 자가 받는 복에 대해 많이 이야기하고 있습니다. 하나님은 겸손한 자의 소원을 이루어 주십니다. 시 10:17 겸손한 자를 구원하십니다. 욥 22:29 자기를 낮추는 자를 높여 주십니다. 약 4:10; 벧전 5:6 겸손하면 하나님이 붙들어 주십니다. 시 147:6 겸손하면 풍족하게 됩니다. 시 22:6 겸손한 자에게는 하나님의 기쁨이 있습니다. 사 29:19 하나님은 겸손한 자와 함께하시고 그의 영혼을 새롭게 하십니다. 사 57:15

우리가 겸손하기 위해서는 마음이 온유하고 겸손하신 예수님의 겸손을 나의 겸손으로 삼아야 합니다. 스가랴 선지자는 예수님의 겸손에 대해 미리 예언했습니다.

> 시온의 딸아 크게 기뻐할지어다 예루살렘의 딸아 즐거이 부를지어다 보라 네 왕이 네게 임하시나니 그는 공의로우시며 구원을 베푸시며 겸손하여서 나귀를 타시나니 나귀의 작은 것 곧 나귀 새끼니라 슥 9:9

"나는 교만한 자인가, 겸손한 자인가"를 항상 점검하는 지혜가 있기를 바랍니다. 교만은 멸망의 선봉이요, 겸손은 존귀의 앞잡이라는 것을 늘 기억하십시오.

여호와를 의지하는 자

다섯 번째, 하나님을 의지하는가, 사람을 의지하는가를 살펴보아야 합니다.

25절과 26절에 "사람을 두려워하면 올무에 걸리게 되거니와 여호와를 의지하는 자는 안전하리라 주권자에게 은혜를 구하는 자가 많으나 사람의 일의 작정은 여호와께로 말미암느니라"고 했습니다. 어떤 문제가 생겼을 때 해답을 얻기 위해 하나님이 아닌 힘 있는 자를 먼저 찾지 마십시오. 하나님을 의지하기보다 사람의 재력이나 권력을 의지하면 결국엔 그것이 올무가 되어 더 큰 어려움에 빠지게 됩니다. 또 인기나 사람의 평판에 연연하여 두려워한다면 늘 남을 의식하여 마음에 평안이 없고 날이 갈수록 피폐해집니다. 모든 일은 사람이 아닌 하나님의 손에 달려 있습니다. 힘들고 어려울수록, 답답하고 막막할수록 하나님께 나아가 하나님을 의지하고 기도해야 합니다.

시편 118편 8절에 "여호와께 피하는 것이 사람을 신뢰하는 것보다 낫다"고 했습니다. 유다의 3대 왕이었던 아사 왕은 젊어서는 하나님만을 의지했던 훌륭한 왕이었습니다. 구스와의 전쟁을 할 때 강한 자와 약한 자 사이에 도와줄 분은 오직 하나님이시라고 기도하며 나아가 100만의 적군을 무찔렀습니다.^{대하 14:11} 그러나 늙어서는 하나님을 의지하지 않았습니다. 북이스라엘과의 전쟁이 일어났을 때 하나님을 의지하지 않고 아람 왕 벤하닷을 의지했습니다. 이에 대해 선지자 하나니가 책망하자 그를 감옥에 가두어 버렸습니다. 또 발에 병이 났을 때도 하나님을 의지하지 않고 계속해서 의사만 찾아 다녔습니다. 결국, 아사 왕은 발병한 지 2년 만에 그는 죽고 말았습니다.^{대하 16:13,14}

우리는 먼저 하나님을 의지하며 지혜를 구해야 합니다. 기도만 하라는 것이 아닙니다. 먼저 하나님을 의지하고, 하나님께서 주신 지혜를 가지고 최선을 다해야 합니다.

지혜는 책망을 달게 받는 것입니다.

잠언 29장을 통해 현재 자신의 모습을 돌아보는 지혜가 있어야 합니다.

기쁨의 통로인가, 분노를 다스리고 있는가, 하나님 나라의 비전이 있는가, 교만하지는 않은가, 하나님을 의지하고 있는가를 살펴보고 책망을 달게 받아 지혜로운 삶을 살게 되기를 바랍니다.

잠언 30장

지혜는
자신의 부족함을
깨닫는 것입니다

아굴의 잠언

잠언 30장은 야게의 아들, 아굴이 이디엘과 우갈에게 가르침을 주기 위해 쓴 글입니다. 학계에서는 아굴을 가상의 인물, 솔로몬의 다른 이름 등으로 추정하고 있지만 정확하게 그가 누구인지는 알지 못합니다.

아굴은 자기 스스로 짐승이라고 말하고 총명이 없다고 소개합니다.잠 30:2 또 지혜를 배우지 못했고 거룩하신 자를 아는 지식이 없다고 말합니다.잠 30:3

아굴은 자신이 너무나 부족하고 미련하다는 것을 깨달았습니다. 전에는 자기가 지혜롭고 명철한 사람인 줄 알았는데, 하나님 앞에서 자신의 모습이 마치 짐승 같다는 것을 깨달았습니다. 시편 49편 20절에도 "존귀하나 깨닫지 못하는 사람은 멸망하는 짐승 같다"고 했습니다. 자신의 진정한 모습을 발견한 아굴은 곤고함 가운데 탄식합니다.

'나는 지혜가 없구나, 총명이 없구나, 명철이 없구나, 나는 그동안 짐승같이 본능으로 살았구나, 안다고 했지만 모르는 것이 더 많았고 아는 것이 아니라 아는 척만 하고 살았구나, 내가 과연 하나님 앞에서 진실하게 살았던가, 나는 욕심 없이 주어진 환경에 감사하며 살았던가, 나는 다른 사람들과 어떤 관계를 맺고 살았는가, 혹시 다른 사람에게 해를 끼치지는 않았는가, 다른 사람에게 선한 영향력을 끼치기보다는 악하게 살지 않았는가, 내 주제도 모르고 거들먹거리며 남을 우습게 여기지는 않았는가, 무시하지는 않았는가, 쉽게 분을 내고 다투며 살지 않았는가, 모든 잘못을 남에게 돌리고 혼자 의로운 척하며 살지는 않았는가.'

아굴이 하나님 앞에 벌거벗은 것처럼 서서 자신의 무지함과 미련함을 고백할 때, 하나님께서는 자신의 연약함을 깨닫고 탄식하는 아굴의 마음을 열어 지혜를 깨닫게 하셨습니다. 하나님을 경외함과 말씀과 기도, 그리고 자연 세계를 통해서 지혜를 배우게 하셨습니다.

지혜는 하나님을 경외함으로부터 나옵니다. 하나님의 말씀을 상고하고 늘 기도하며 피조세계를 바라볼 때 하나님의 진리를 깨닫는 지혜를 얻게 됩니다.

하나님을 아는 것이 지혜의 근본이다

아굴은 4절에서 창조자가 누구인지, 그의 이름이 무엇인지, 그의 아들의 이름이 무엇인지 너는 아느냐 나는 알지 못했었노라고 고백합니다.

하늘에 올라갔다가 내려온 자가 누구인지 바람을 그 장중에 모은 자가 누구인지 물을 옷에 싼 자가 누구인지 땅의 모든 끝을 정한 자가 누구인지 그의 이름이 무엇인지 그의 아들의 이름이 무엇인지 너는 아느냐 잠 30:4

인간은 어리석어 하나님을 스스로 알 수 없습니다. 모든 사람이 죄를 범하여 하나님을 알지 못한다고 했는데, 어떻게 인간 스스로가 하나님을 알 수 있겠습니까? 인간이 하나님을 안다는 것은 오직 하나님의 은혜입니다.

아굴이 하나님을 제대로 잘 알지 못했던 자신의 무지함과 미련함을 깨닫고 고백할 때 그에게 지혜와 계시의 영이 임했습니다. 하나님에 대하여 깊이 알아가기 시작했습니다. 하늘과 땅을 창조하신 분, 바람과 비를 주관하시고, 땅의 경계를 정하시며, 그 가운데서 능력으로 역사하시는 하나님이라는 것을 깊이 깨닫게 됩니다. 인간 스스로 알 수 없는 높고 위대하신 창조주이심을 심령 깊이 깨닫게 됩니다.

그뿐만이 아닙니다. 아굴은 성부 하나님과 성자 하나님의 존재에 대해서까지 깨닫고 있습니다. "그의 이름이 무엇인지, 그의 아들의 이름이 무엇인지 너는 아느냐"를 묻습니다. 누가 이런 것들을 깨닫게 하십니까? 성령 하나님께서 그에게 알게 하신 것입니다. 다윗도 시편 2편에서 성령의 감동으로 "여호와를 경외하고 그 아들에게 입맞추라"고 성자 하나님에 대해서 이야기했습니다.

하나님은 지혜와 계시의 영을 통해 자신을 나타내십니다. 에베소서 1장 17절에서 바울은 "우리 주 예수 그리스도의 하나님 영광의 아버지께서 지혜와 계시의 영을 너희에게 주사 하나님을 알게 하시고"라고 말했습니다. 하나님을 알려면 지혜와 계시의 영을 받아야 합니

다. 이 세상은 자기 지혜로 하나님을 알지 못합니다.^{고전 1:21}

하나님의 말씀과 기도 가운데 지혜를 얻으라

> 하나님의 말씀은 다 순전하며 하나님은 그를 의지하는 자의 방패
> 시니라 너는 그의 말씀에 더하지 말라 그가 너를 책망하시겠고 너
> 는 거짓말하는 자가 될까 두려우니라^{잠 30:5-6}

아굴은 하나님을 깊이 알아가는 가운데 하나님의 말씀을 통해 놀라운 지혜를 얻었습니다. 하나님의 말씀을 통하지 않고는 하나님을 알 수도 없고, 경외할 수도 없고, 지혜를 얻을 수도 없습니다.

하나님의 말씀은 순전합니다. 마치 용광로를 통과한 불순물이 전혀 없는 은과 같이 순전한 것입니다. 시편 12편 6절에도 "여호와의 말씀은 순결하며 흙도가니에 일곱 번 단련한 은 같도다"라고 했습니다.

하나님의 말씀은 순전하기 때문에 의심하지 말고 온전히 믿어야 합니다. 하나님의 말씀을 신뢰한다는 것은 말씀하시는 하나님을 신뢰하는 것입니다. 하나님은 자기를 신뢰하고 의지하는 자에게 방패가 되셔서 그를 보호해 주십니다.

말씀을 육신의 생각으로 편의를 따라 해석하지 마십시오. 말씀을 있는 그대로 받아들여야 합니다. 참 지혜자는 성경 말씀을 다르게 고치지 않고 온전히 믿는 자입니다. 신명기 4장 2절에서도 "내가 너희에게 명령하는 말을 너희는 가감하지 말고 내가 너희에게 내리는 너희 하나님 여호와의 명령을 지키라"고 하십니다.

요한계시록 22장 18절의 말씀에서도 "만일 누구든지 이것들 외에

더하면 하나님이 이 두루마리에 기록된 재앙들을 그에게 더하실 것이요"라고 경고했습니다. 육신의 생각을 가지고 말씀을 가감하는 사람은 거짓말하는 자가 되어 하나님의 심판을 받습니다.

지혜는 말씀을 통해 얻어집니다. 디모데후서 3장 15절에 보면 "어려서부터 성경을 알았나니 성경은 능히 너로 하여금 그리스도 예수 안에 있는 믿음으로 말미암아 구원에 이르는 지혜가 있게 하느니라"고 했습니다.

> 내가 두 가지 일을 주께 구하였사오니 내가 죽기 전에 내게 거절하지 마시옵소서 곧 헛된 것과 거짓말을 내게서 멀리 하옵시며 나를 가난하게도 마옵시고 부하게도 마옵시고 오직 필요한 양식으로 나를 먹이시옵소서 혹 내가 배불러서 하나님을 모른다 여호와가 누구냐 할까 하오며 혹 내가 가난하여 도둑질하고 내 하나님의 이름을 욕되게 할까 두려워함이니이다 잠 30:7-9

아굴은 하나님의 말씀을 깊이 묵상하며 기도로 하나님께 나아갔습니다. 기도하는 가운데 가장 중요한 것이 무엇인지 깨닫는 지혜를 얻었습니다. 헛된 거짓말을 하지 않고 진실하게 사는 것이 얼마나 중요한지, 하나님과의 관계가 부귀영화보다도 얼마나 중요한지를 깨달았습니다.

하나님을 알고 말씀을 깨닫게 된 아굴은 먼저 헛된 거짓말을 하지 않고 진실하게 살아가게 해달라고 간절히 기도합니다. 세상의 지혜에서는 적당한 거짓말도 허용되지만, 하나님의 지혜는 절대로 거짓을 용납하지 않습니다. 하나님은 거짓되이 성공하는 것보다 진실하게 사는 것을 기뻐하십니다. 진실한 자에게는 반드시 지혜를 주십니다. 우리는 하나님 앞에 나아가 아굴처럼 남은 생애를 진실하게 살 수 있도록 도움을 구해야 합니다. 진실한 자들은 반드시 승리합니다.계 17:14 진실한 자들은 반드시 세상을 고치는 자가 됩니다.렘 5:1

> 보소서 주께서는 중심이 진실함을 원하시오니 내게 지혜를 은밀히 가르치시리이다시 51:6

또한, 아굴은 "가난하게도 마옵시고 부하게도 마옵소서"라고 하나님께 기도했습니다. 그 이유가 있습니다. 사람이 살아감에 있어서 많은 문제가 돈 때문에 발생하는 것을 그는 깨닫게 되었습니다. 돈 때문에 상처받고, 인간관계가 깨어지고, 욕심을 부리다가 사람 구실도 제대로 못 하고 건강까지 잃게 되는 경우를 보았습니다. 더구나 재물 때문에 하나님을 잊어버리고 하나님의 이름을 욕되게 하는 것을 보고 그는 심히 안타까웠습니다. 아굴은 결단했습니다. 내 남은 생애에 절대로 돈 때문에 하나님을 배반하거나 하나님의 영광을 가리지 않겠다고 결심했습니다.

아굴은 그래서 기도합니다. '주님, 부자가 되어서 하나님을 잊어버리고 모른다 하지 않게 하소서. 가난하여 도적질해 하나님의 이름을 욕되지 않게 하소서. 주님, 오직 필요한 양식으로 먹여주소서. 어떤 경우에도 물질 때문에 하나님을 떠나는 경우가 없도록 도와주소서. 날마다 필요한 양식을 구하며 일용할 양식에 감사하며 살게 하옵소서.'

이 기도를 통해 깨닫게 되는 것은 성도에게는 부요함보다도 하나님과의 관계가 가장 중요하다는 것입니다.

피조세계를 바라보며 지혜를 얻으라

아굴은 한 걸음 더 나아가 하나님이 지으신 천지 만물을 보며 지혜를 얻고 있습니다. 지혜를 얻은 아굴이 세상을 보니 너무나 많은 인생이 비정상적으로 죄악 가운데 살아가고 있었습니다. 아굴은 눈을 돌려 하나님이 지으신 자연 세계를 바라봅니다. 사람보다 못하다고 생각했던 하찮은 곤충과 동물들을 자세히 관찰하면서 놀라운 사실들을 발견합니다. 그들 가운데는 미련한 동물도 있지만 어떤 동물들은 형편없는 인간보다 낫다는 것을 깨닫고 자연 세계에서도 지혜를 배웁니다.

아굴은 자연 세계를 바라보며 관찰하는 가운데 깨닫게 된 7가지 지혜를 10절에서부터 31절에 걸쳐 이야기해 주고 있습니다.

첫 번째, 인간관계를 깨뜨리지 말라 잠 30:10-14

남의 허물을 비난해서는 안됩니다. 자녀가 부모를 대적해서는 안 됩니다. 남보다 깨끗한 척 해서는 안됩니다. 거만하게 남을 낮게 보거나 무시해서는 안 됩니다. 힘으로 가난한 자의 소유를 취해서도 안 됩니다. 이 모든 것은 인간관계를 깨뜨리고 모두를 불행하게 만드는 죄악입니다.

두 번째, 만족하며 살아가라 잠 30:15-16

거머리, 음부, 여인의 태, 땅, 불과 같이 만족할 줄 모르고 끝없는 욕망을 채우려 해서는 안 됩니다. 거머리는 두 이빨을 가지고 피를 계속 빨아 먹습니다. 음부는 끊임없이 사망을 요구합니다. 아이를 갖지 못하는 여자의 태는 계속 아이를 갖고자 합니다. 땅은 끝도 없이 물을 빨아들입니다. 불은 계속 타오릅니다. 만족할 줄 모르는 사람은 모두 이와 같습니다.

세 번째, 부모에게 효도하라 잠 30:17

아비를 조롱하며 어미에게 불순종하는 자녀의 눈은 까마귀에게 쪼이고 독수리 새끼에게 먹힌다고 했습니다. 무섭고도 끔찍한 심판의 경고입니다. 성경은 여러 곳에서 불효의 죄를 엄중히 다루고 있습니다. 그러나 부모를 공경하는 자에게는 약속된 축복이 있습니다. 에베소서 6장 1절에서 3절에 보면 "자녀들아 너희 부모를 주 안에서 순종하라 이것이 옳으니라 네 아버지와 어머니를 공경하라 이것이 약속 있는 첫 계명이니 이는 네가 잘 되고 땅에서 장수하리라"고 했습니다.

네 번째, 음란하게 살지 말라 잠 30:18-20

독수리가 하늘을 날아간 자취, 뱀이 바위 위로 지나간 자취, 배가 바다 위로 지나간 자취, 사랑하는 남녀가 함께한 자취는 생각해 보면 신비롭습니다. 자취는 지나온 길을 말합니다. 하나님께서는 길을 주관하시고 인도하시는 분이십니다. 사람이 마음으로 계획할지라도 그 길을 인도하시는 이는 하나님이십니다. 우리는 지나온 걸음걸음 발자취마다 알지 못하는 사이에 인도해 주신 신비하고도 놀라운 주님의 섭리에 감사해야 합니다.

그러나 죄악 된 걸음의 발자취도 있습니다. 음녀의 자취입니다. 그녀는 음행을 저지르고도 그 자리를 아무도 모르게 떠나면 그만인 것으로 생각합니다. 마치 음식을 먹고도 안 먹은 것처럼 입을 씻는 것과 같습니다. 사람의 눈은 속일 수 있습니다. 그러나 하나님의 눈은 속일 수 없습니다. 지나온 자취들을 하나님은 다 아시고 심판하십니다.

음행하는 자들은 지나온 죄악의 발자국이 시간이 지나 사라져 눈에 보이지 않기 때문에 죄도 없어졌다고 생각합니다. 그러나 세월이 지나갔다고, 눈에 안 보인다고 해도 죄는 결코 없어진 것이 아닙니다. 그대로 있습니다.

죄는 시간으로 해결되는 것이 아니라 회개함으로 해결할 수 있습니다. 과거에 지은 더러운 간음, 음란, 음행은 내가 억지로 잊는다고 해서, 또는 잊어버렸다고 해도 없어지는 것이 아닙니다. 하나님이 잊으셔야, 기억도 하지 아니하셔야 없어집니다. 하나님은 회개하는 자의 모든 죄는 기억도 하지 않으십니다.^{사 43:25} 깊은 바다에 빠뜨리시고 찾지도 않으십니다.^{미 7:19}

다섯 번째, 사회질서를 어지럽히지 말라^{잠 30:21-23}

마치 천재지변이 일어나는 것처럼 사회를 충격과 혼란에 빠뜨리는 자들이 있습니다. 기준을 무너뜨리고 가치관에 혼돈을 가져오는 자들 때문에 세상이 뒤죽박죽이 됩니다. 사람들은 이러한 현상을 보면서 세상은 말세라고 이야기합니다.

신하가 왕을 배반하고 왕의 자리를 탈취해 나라를 혼란에 빠뜨립니다. 미련한 자가 어느 날 갑자기 졸부가 되어 나타나 꼴사납게 굽니다. 꺼림을 받는 여자가 속이고 시집을 가니 후일에 그 가정은 깨어지고 주위 사람들을 힘들게 만듭니다. 여종이 안주인을 몰아내고 안방을 차지하여 주인 노릇을 합니다. 마치 여종 하갈이 사라를 멸시한 것과 같습니다. 이런 자들은 질서를 문란케 하고 사람들을 어려움에 빠뜨립니다.

여섯 번째, 탓하지 말고 최선을 다하며 살아라 잠 30:24-28

작고 힘이 없고 연약하지만, 자신의 연약함을 탓하지 않고 최선을 다해 지혜롭게 살아가는 곤충, 동물들이 있습니다. 모든 동물 가운데서도 가장 뛰어난 지혜를 가진 동물들이 있습니다. 여름 동안 겨울을 준비하는 개미와 집을 바위 사이에 짓는 사반, 주관자가 없어도 떼를 지어 나아가는 메뚜기와 왕궁에 사는 도마뱀이 바로 작지만 탁월한 지혜를 가진 동물들입니다.

사람들은 "나는 보잘것없어, 나는 힘이 없어, 너무나 약해" 하며 쉽게 자신의 연약함을 탓하고 신세 한탄에 빠집니다. 삶의 의욕도 잃어버린 채 자신의 무능함과 무기력함을 탓합니다. 만물의 영장인 사람이 곤충만도 못해서는 안 됩니다.

작지만 뛰어난 지혜를 가진 곤충과 동물을 보며 배워야 합니다. 원망, 불평을 버리고 매사에 하나님의 도우심을 믿으며 적극적으로 살아가야 합니다.

일곱 번째, 위풍당당하게 살아라 잠 30:29-31

잘 걸으며 위풍있게 다니는 것 서넛이 있습니다. 강하여 어떤 짐승 앞에서도 물러서지 않는 사자, 사냥개, 숫염소, 그리고 그 누구도 맞설 수 없는 늠름한 왕입니다.

예수 믿는 성도는 위풍당당해야 합니다. 기세가 위엄있고 씩씩해야 합니다. 표정이나 걸음걸이에서도 당당함이 묻어나야 합니다. 그리스도인들은 군사입니다. 믿음의 용기가 하늘을 찌를 듯 해야 합니다. 기도의 함성도 우렁차야 하고, 찬양의 목소리도 힘이 넘쳐야 합니다. 원수 마귀가 한 길로 왔다가 일곱 길로 도망가도록 담대하게 살아야 합니다.

아굴의 잠언의 끝은 엄중한 경고로 마무리되고 있습니다.
교만하지 말고, 다투지 말라고 경고합니다.

> 만일 네가 미련하여 스스로 높은 체하였거나 혹 악한 일을 도모하였거든 네 손으로 입을 막으라 대저 젖을 저으면 엉긴 젖이 되고 코를 비틀면 피가 나는 것 같이 노를 격동하면 다툼이 남이니라 잠 30:32-33

나도 알지 못하는 사이에 미련하여 얼마나 교만하게 살았는가,
남을 짓누르고 분노하며 다툼 속에 살았는가,
잠잠히 하나님 앞에 나아가 자신을 깊이 돌아보고 회개해야 합니다.

지혜는 자신의 부족함을 깨닫는 것입니다.

스스로 지혜가 없어 짐승 같다고 토로했던 아굴이 지혜를 말하는 자로 변화되었습니다. 놀라운 일입니다. 자신의 부족함을 깊이 깨달은 아굴에게 하나님은 찾아오셨습니다. 그에게 지혜와 계시의 영을 부어주셨습니다. 하나님을 깊이 만나는 가운데 그의 눈이 열렸습니다. 마치 욥의 고백처럼 전에는 귀로 듣기만 했지만, 이제는 눈으로 보는 것 같이 하나님을 만났습니다.^{욥 42:5}

하나님을 만났던 아굴은 말씀과 기도 가운데 하나님을 더욱 의지했습니다. 진실을 사모하고, 부요함이나 가난함보다 하나님과의 관계가 가장 중요하다는 것을 깨달았습니다. 또한, 하나님이 창조하신 자연 세계를 관찰하며 어리석은 인간들이 깨달아야 할 참 지혜를 얻었습니다.

아굴의 잠언을 깊이 묵상하여 아굴처럼 나의 부족함을 깨달아 참 지혜를 얻기를 소망합니다.

잠언 31장

지혜는
현숙함에 있습니다

잠언서의 마지막 장인 31장은 르무엘 왕의 어머니가 왕인 아들에게 훈계한 잠언입니다.^{잠 31:1} 유대 전승은 '르무엘'은 솔로몬의 다른 이름이라고 추정합니다.

잠언서에는 솔로몬의 잠언과 아굴의 잠언, 그리고 르무엘의 어머니의 잠언이 있습니다. 영어 성경에 보면 솔로몬의 잠언이라고 씌어 있는 1장 1절, 10장 1절, 25장 1절에서는 격언proverbs이라는 단어를 사용하고 있는 것과 달리, 30장 아굴의 잠언과 31장 르무엘의 어머니의 잠언은 '예언, 신탁'prophecy이라는 단어를 사용하고 있습니다. 이 예언, 신탁은 선지자가 하나님으로부터 받은 계시의 말씀을 의미합니다. 이 말씀은 가감 없이 전해야 하는 말씀으로서 주로 경고하는 말씀이었습니다. 말씀에 순종하면 복이지만 말씀에 불순종하면 심판을 받습니다.

그러므로 솔로몬의 잠언보다 아굴과 르무엘 왕의 어머니의 잠언은 더욱 엄중하고 무거운 말씀으로 받아들여야 합니다.

31장은 르무엘 왕의 어머니가 하나님께로부터 계시로 받아 아들에게 전해 준 말씀이므로 단지 어머니의 조언이 아닙니다. 마치 선지자가 왕과 백성에게 하나님의 뜻을 전달하는 것과 같습니다.

르무엘의 어머니는 왕인 아들에게 힘을 여자들에게 쓰지 말고, 포도주와 독주를 마시지 말며, 백성들을 공의로 재판하라고 경계합니다.잠 31:1-9 왕으로서 방탕하게 살지 말고 백성을 잘 다스리는 지혜로운 왕이 되라고 경고하고 있습니다.

현숙한 여인

특별히 10절 이하에서는 아들을 사랑하는 어머니로서 아들을 지혜롭게 도울 수 있는 현숙한 여인이 어떤 여인인가에 대해 자세히 알려주고 있습니다.

> 누가 현숙한 여인을 찾아 얻겠느냐 그의 값은 진주보다 더 하니라
> 잠 31:10

'현숙'은 히브리어 '하일'$^{khah'yi}$이라는 단어에서 번역된 '힘, 능력, 군대'라는 뜻입니다. 현숙한 여인은 '할 수 없다, 못 한다'고 핑계하지 않습니다. 힘과 용기를 가지고 무슨 일이든지 중도에 포기하지 않습니다. 끝까지 성실하여 유종의 미를 거두는 실천력 있는 여성입니다.

17절에서는 현숙한 여자를 "힘 있게 허리를 묶으며 자기의 팔을 강하게 하며"라고 표현했습니다. 마음은 있는데 육신이 약하다고 핑계하며, 부정적이고 의기소침하고 소극적인 여자는 현숙한 여인이 아닙니다.

현숙한 여인은 진주보다도 귀합니다.

첫 번째, 신뢰받는 여인 잠 31:11-12

현숙한 여인은 다른 사람에게 믿음을 주는 여인입니다.

남편의 마음에 신뢰감과 안정감을 주어 남편이 사회에 나가 열심히 자기 일에 힘쓸 수 있도록 돕습니다. 또 남편을 이해하는 착한 아내로서 괴로움을 주지 않습니다.

두 번째, 부지런한 여인 잠 31:13-15, 27

현숙한 여인은 매사에 열정적이고 부지런한 여인입니다.

아침 일찍 일어나 가족을 위해 음식을 준비하며 집안을 돌보고 그날 해야 할 일을 꼼꼼히 챙깁니다. 시간을 아껴 게으르지 않습니다. 쉽게 돈을 벌려고 하지 않고 매사에 노력합니다.

세 번째, 유능한 여인 잠 31:16-17, 24-25

현숙한 여인은 책임감 있고 능력 있는 유능한 여인입니다.

소극적이고 수동적이고 나약한 여인은 잠언에서 이야기하는 현숙한 여인이 아닙니다. 매사에 할 수 있다는 믿음으로 모든 일을 책임감 있게 처리합니다. 자기 일을 남에게 미루지 않습니다. 신체적으로도 자신을 잘 관리하여 건강을 유지합니다. 경제적으로도 자립정신이 강하여 다른 사람을 의존하지 않습니다. 남편과 함께 책임 있게 가정을 이끌어 나갑니다. 항상 기뻐하며 희망을 가지고 미래를 준비합니다.

네 번째, 성실한 여인 잠 31:18-19

현숙한 여인은 근면하고 성실한 여인입니다.

재물이 많아져도 그것에 마음이 빼앗기지 않습니다. 욕심을 부리지 않고 맡은 일에 최선을 다합니다. 아무리 재물이 늘어나도 낭비하거나 사치하지 않습니다. 근검절약하며 자기에게 주어진 일을 성실하게 감당합니다.

다섯 번째, 베푸는 여인 잠 31:20-21, 26

현숙한 여인은 가진 것을 움켜쥐지 않고 아낌없이 베풀고 나눕니다.

곤고한 자에게 손을 펴며, 궁핍한 자를 위해 손을 내밉니다. 밤낮없이 일만 하고 억척스럽게 돈만 버는 것이 아닙니다. 이기적으로 자기 가족만 챙기는 것이 아니라, 주위를 돌아보아 선행을 실천합니다. 말로도 사람들을 위로하고 격려합니다. 지혜롭고 따뜻한 말로 곤핍한 자들을 도와줍니다.

여섯 번째, 가꾸는 여인 잠 31:22

현숙한 여인은 자신을 아름답게 가꾸는 여인입니다.

마음가짐과 몸가짐을 바르게 하며 집안 분위기도 밝고 편안하게 꾸밀 줄 압니다. 평소에도 정리정돈을 잘합니다. 남에게 잘 보이려고 꾸미는 것이 아니라 자신과 남편을 존중하여 자기를 가꾸는 여인입니다.

일곱 번째, 돕는 배필 잠 31:23, 28-31

현숙한 여인은 돕는 배필의 사명을 잘 감당합니다.

현숙한 여인의 남편은 보배로운 아내로 인해 주위 사람들로부터 칭찬과 존경을 받는 리더가 됩니다. 지역사회에서 맡은 바 지도자의 임무를 잘 감당하여 인정받는 지도자가 됩니다. 창세기 2장 18절에 하나님은 아내를 남편의 돕는 배필로 만드셨습니다. 아내의 최고의 사명은 남편을 도와 가정에서는 믿음의 가장이 되고 교회에서는 섬기는 일꾼이 되고 사회에 나가서는 영향력 있는 리더가 되도록 세우는 것입니다. 뿐만 아니라 돕는 배필로서 하나님의 말씀을 따라 남편에게 순종합니다. 엡 5:22-25 아내가 남편에게 순종할 때 현숙한 여인으로서 가져야 할 모든 지혜와 능력이 하나님께로부터 반드시 주어지게 됩니다. 이것이 아내들이 받아야 할 현숙한 여인의 복입니다.

현숙한 여인이 돕는 배필의 사명을 잘 감당할 때 모든 사람으로부터 칭찬을 받습니다. 자녀들로부터 감사와 칭송을 받고, 남편에게는 최고의 덕 있는 여자라고 칭찬을 받습니다. 또 지역사회에서는 아름다운 삶의 열매로 말미암아 칭찬을 받습니다.

돕는 배필의 사명을 잘 감당하는 것이야말로 진주보다도 더 귀한 현숙한 여인입니다.

30절 말씀에는 현숙한 여인에 대한 결론이 나옵니다.

> 고운 것도 거짓되고 아름다운 것도 헛되나 오직 여호와를 경외하는 여자는 칭찬을 받을 것이라

현숙한 여인이 진주보다 귀하다는 것은 곱고 아름답기 때문이 아니라 하나님을 경외하기 때문입니다. 아무리 곱고 아름다운 것이라도 해 아래의 것은 결국 헛되고 헛되게 사라집니다. 현숙한 여인은 하나님을 경외함으로 칭찬을 받습니다.

하나님을 경외하는 것이 바로 잠언서가 말하고자 하는 지혜의 핵심입니다. 잠언의 시작과 끝은 하나님을 경외함에 있습니다. 잠언서는 첫 장에서 "하나님을 경외하는 것이 지식의 근본"이라는 말씀으로 시작합니다.잠 1:7 그리고 마지막 장에서 "여호와를 경외하는 여자는 칭찬을 받을 것이라"는 말씀으로 끝을 맺고 있습니다.잠 31:30

잠언서를 마무리하면서 이런 생각을 해 봅니다.

처음은 다윗의 아들 이스라엘의 왕 솔로몬으로 시작되는데, 왜 결론에 가서는 현숙한 여인으로 끝을 맺을까?

잠언서는 단순히 삶의 지혜를 말하는 것으로 그치는 교훈서가 아니라는 것을 발견하게 됩니다.

잠언은 왕되신 그리스도와 현숙한 신부인 교회를 말하고 있습니다.

따라서 교회 된 성도들은 신랑 되신 예수 그리스도를 기다리며 현숙한 여인으로서 준비되어야 합니다. 우리는 그리스도의 신부입니다. 진주보다도 고귀한 신부입니다.

그 날에 신랑되신 주님을 맞이하는 정결한 신부가 되어야 합니다.

세상을 사랑하지 말고 오직 예수님만을 사모하고 사랑해야 합니다.

강한 용사 같은 지혜롭고 현숙한 여인이 되기를 축복합니다.